Bernhard Müller-Elmau
Heimkehr zum Ursprung

Bernhard Müller-Elmau

Heimkehr zum Ursprung

Der direkte Weg zum Selbst

*Mit einem Vorwort
von
Franz Alt*

N.F. Weitz Verlag

CIP-Titelaufnahme der Deutschen Bibliothek

Müller-Elmau, Bernhard:
Heimkehr zum Ursprung: der direkte Weg zum Selbst /
Bernhard Müller-Elmau. Mit einem Vorw. von Franz Alt. –
Aachen: N.F. WEITZ 1993
ISBN 3-925177-36-1

Copyright © 1993 by
N.F. Weitz Verlag, Aachen

Alle Rechte, insbesondere die des auszugsweisen Nachdrucks,
der Übersetzung und jeglicher Wiedergabe, auch durch Funk,
Fernsehen und Tonträger jeder Art, sind vorbehalten.

Umschlaggestaltung: Wilbert von Walsrode
Redaktion: Marita Kempe
Satz: Walter Hörner, Aachen
Druck und Bindung: Fuldaer Verlagsanstalt

ISBN 3-925177-36-1

Inhalt

VORWORT   7

Erstes Kapitel
SEPARATES ICH UND INTEGRALES SELBST   9

Zweites Kapitel
DIE GRENZEN DES MENSCHLICH MACHBAREN   19

Drittes Kapitel
DAS GRUNDPRINZIP DER BEWUSSTSEINSERWEITERUNG   29

Viertes Kapitel
MEDITATION, YOGA UND VERSENKUNG   39

Fünftes Kapitel
DER WANDEL DURCH DIE STILLE   61

Sechstes Kapitel
DAS SANFTE JOCH UND DIE LEICHTE LAST JESU   71

Siebtes Kapitel
MEISTERUNG DES LEBENS   83

Achtes Kapitel
DURCH ORDNUNG ZUM GLÜCK   101

Anmerkungen   114

Literaturhinweise   116

Wie anders sähe es mit uns allen aus,
wenn die direkten Wege zum Heil
nicht jedem Menschen ein Geheimnis blieben!

Johann Wolfgang von Goethe

Vorwort

Bernhard Müller-Elmau hat ein optimistisches Buch geschrieben. Das unterscheidet ihn von vielen anderen zeitgenössischen Autoren. Ein viel gelesenes Buch in den USA und in der Bundesrepublik heißt zur selben Zeit, in der dieses Buch entstand «Das Ende der Natur» (von Bill Mc Kibben). Demgegenüber beschreibt Bernhard Müller «die Kraft» der Natur, die «Heilwirkung» der Natur, die «Lehrmeisterin» Natur. Der Optimismus dieses Autors und dieses Buches erschließt sich denen, die wissen, wo das Buch entstanden ist. Bernhard Müller-Elmau heißt so, weil er auf Schloß Elmau bei Garmisch-Partenkirchen lebt. Ihn umgibt und ihn belebt täglich die Kraft und die Heilwirkung eines der schönsten und ökologisch noch sauberen Flecken Natur in Deutschland, was viele Elmau-Gäste bestätigen.

Dies ist auch ein tief religiöses Buch. Der Autor ist stark von seinem Vater, Johannes Müller (dem Begründer der Elmau) inspiriert. In der ersten Hälfte unseres Jahrhunderts war Johannes Müller ein vielgelesener, religiöser Schriftsteller. Seine Interpretation der Bergpredigt ist aktuell bis zum heutigen Tag und durchdringt auch den Geist dieses Buches. Religion im Sinne von Johannes und Bernhard Müller ist allerdings kein Buchstaben-Glaube und keine Gesetzes-Religion, sondern «hochgradig empfänglich gewordenes Bewußtsein» (B. Müller) des Göttlichen in uns und für das Göttliche um uns. Für dieses ganzheitliche Religionsverständnis wächst heute weltweit ein neues Bewußtsein.
Religiöse Menschen sind nicht blind Gläubige, sondern suchende, offene, vertrauende, wirklich liebende Menschen. Wer krampfhaft sucht, kann nicht finden. Wer nicht sucht, wird auch nicht finden. Wer aber offen ist und weit wie der strahlend blaue Himmel und empfängnisbereit für die göttliche Kraft, der findet mit Sicherheit.
Wir leben in einer lauten Zeit, in der Religion fast ein Fremdwort geworden ist. Dieses Buch zeigt einen Weg zur Stille, zu unserem göttlichen Ursprung. Nur dort werden wir Ruhe und Entspannung finden und unsere Angst überwinden. Bernhard Müller-Elmau bedient sich erhellender und über-

raschender etymologischer Beispiele, um zur alles entscheidenden Frage hinzuführen: Sind wir auf Unendliches bezogen oder nicht? Die Antwort auf diese Frage entscheidet auch politisch und gesellschaftlich über das Schicksal der Menschheit.

Franz Alt

ERSTES KAPITEL

Separates Ich
und integrales Selbst

EVOLUTION DES BEWUSSTSEINS Nach dem heutigen Stand der Evolutionsforschung ist unsere Welt ein lebender Gesamtorganismus, der seinen fortschreitenden Werdeprozeß selbst organisiert, regelt und steuert. Seit dem vermuteten ‹Urknall› vor 15 Milliarden Jahren haben sich aus einigen wenigen Elementen fortlaufend immer mehr gebildet und zu höheren, umfassenderen und vielfältigeren Ordnungsmustern oder gar Systemen aufgebaut (gr./lat. *systema* = das aus mehreren Teilen zusammengesetzte und gegliederte Ganze). Dieses komplexe Geschehen (lat.: *complexus* = das Zusammengefaßte, Verknüpfte, Ineinandergeführte) ist durch zunehmende Vielfalt gekennzeichnet. Geist oder Energie verdichteten sich zu Materie. Dann kam es zu organischem Leben und schließlich zur Herausbildung eines menschlichen Bewußtseins.

Der Kulturphilosoph Jean Gebser beschreibt in seiner Stufenlehre[1] die Entfaltung des menschlichen Bewußtseins, das sich, vom archaischen Grundzustand ausgehend, über den magischen und mythischen, zum mentalen entwickelte und auf den diaphanen (= durchscheinenden) oder integralen (= ganzheitlichen) abzielt. Im Verlauf dieses Werdegangs hat sich das Ich in diesem Bewußtsein als besonderer Pol immer deutlicher herausgebildet mit der zunehmenden Fähigkeit, vorsätzlich und gegenständlich zu denken. Da dem Ich-Gefühl ein entsprechender Gedanke vorausgeht, können beide als eine identische Einheit bezeichnet werden, was an die Frage erinnert, ob zuerst die Henne oder das Ei da waren.

KULTUR NICHT ANFANG, SONDERN ENDE EINER GEISTIGEN KAUSALKETTE Eine wichtige Station war um 10.000 v. Chr. erreicht, als der Mensch die Fähigkeit erlangt hatte, durch Ackerbau und Viehzucht planmäßig Einfluß auf die Natur auszuüben. Das dazu erforderliche Denken war zur Erinnerung an die Vergangenheit und zur berechnenden Planung der Zukunft befähigt. Dadurch konnten landwirtschaftliche Überschüsse erwirtschaftet werden, die dann der Bildung von Eigentum und Macht dienten. Damit entstand auch der Freiraum für die Entfaltung der geistigen Begabung, die mit der Entwicklung der Schrift aus den alten Bildzeichen eine epochale Wende in der Menschheitsgeschichte einleitete. Der Informationsgehalt der Wirklichkeit konnte buchstäblich abstrahiert, verdichtet und intensiviert, aber auch in fataler Weise verfälscht werden.

Die ursprünglich rein landwirtschaftliche ‹Kultur› (lat.: *cultura* = Landbau) erweiterte sich vom Ackerbau in Richtung der Ausbildung eines leistungsfähigeren Bewußtseins: eine wesentliche und spezifische Entwicklung des Menschen. Daraus erwuchs die eigentliche Kultur mit ihren eindrucksvollen Zeugnissen, innerhalb derer durch den menschlichen Geist eine Zivilisation entstand, die das Leben angenehmer und gesitteter werden ließ. So gilt als zivilisiert ein Mensch, der seine Konfliktenergien unter Kontrolle halten und seine Triebnatur bezähmen kann. Ist er noch ‹gebildet›, wird er sogar als kultiviert bezeichnet. Die Verwechselung von Kultur und Zivilisation hat zu einem Mißverständnis im Bildungswesen geführt, das die Ausbildung des Bewußtseins als die Voraussetzung allen Denkens, Wissens, Schaffens und Verhaltens unberücksichtigt ließ. Wenn Kultur eigentlich Bewußtseins-Pflege ist, dann stehen wir nicht vor dem Untergang der Kultur, sondern erst vor ihrem Anfang. Tatsächlich ist unsere Denk-Kultur bislang nur eine Kultur der Grenzen und Konflikte.

DIE ICHPHASE ALS DURCHGANGSSTUFE DER MENSCHWERDUNG Nach den Evolutionstheorien ist das heutige Ich ein Durchgangsstadium der Mensch- oder Bewußtwerdung, das beim Fortschreiten der Entwicklung zurückbleibt. Die verschiedenen Ich-Stufen der Vergangenheit und Gegenwart vergehen (= *sterben*), um im stufenlosen, ganzheitlichen und transzendentalen Selbst, als dem metaphysischen Kern des humanen Wesens, aufgehen zu können (Metaphysik = Lehre von den letzten Gründen und Zusammenhängen des Seins). Eine Entwicklungsblockade entsteht, wenn das Ich seine Position verewigen und durch Abwehr-Bastionen den Lebensstrom des Werdens und Vergehens aufhalten will. Die Dynamik des Fließens anhalten und fixieren zu wollen, heißt leiden müssen (Leiden = leiten, gehend machen, weitergehen, durchmachen), statt weitergeleitet zu werden.

> Das Ewige regt sich fort in allen:
> Denn alles muß in Nichts zerfallen,
> Wenn es im Sein beharren will.
>   (Goethe: Eins und Alles)

URSACHE   Da das Ich nur ein Teil und
DER ANGST   daher begrenzter Wert des
menschlichen Wesens ist, sieht es sich Grenzen gegenübergestellt, die es zu verteidigen gilt. Hinter den Grenzen lauert das Ungewisse, und das erzeugt Angst – eine Angst, die sich letztlich auf das Sterben bezieht. Wo aus der einseitigen Sicht des Ichs der Tod gedanklich aus der Lebensganzheit ausgegrenzt wird, erscheint er tatsächlich fürchterlich. Als ein vermeintlicher Begrenzer und Beender des Lebens wird er als naturwidrig empfunden. Deshalb trachtet der Ich-Mensch danach, sich durch Ausbau und Festigung seiner Ichposition zu verewigen.

UNSTERBLICHKEITS-   Das Ich schöpft seinen Sinn
SEHNSUCHT   für die Unsterblichkeit und
das Interesse am Überleben oder Ewig-Jungsein aus der anwesenden Quelle des überzeitlichen Selbst. Im vergänglichen Ich wirkt sich die Kraft des unvergänglichen (Selbst)-Seins unaufhörlich aus.

Um der Unvergänglichkeit willen kann das Ich sein Selbstideal auf ein persönliches Unsterblichkeitssymbol projizieren und sich damit identifizieren: Meister, Guru, Held, Idol, Lehrer, Gruppe. Es opfert sich gleichermaßen in ein Höheres. (Indogermanisch: *op* = arbeiten, verrichten, zustandebringen, erwerben; lateinisch: = *opus, opere, ops* weisen auf Ertrag, Zuwachs, Reichtum und Vermögen hin. Optimismus ist die Grundlage der Lebensfreude. Ein opulentes Mahl kann sich nur der Wohlhabende leisten). Ohne eine entsprechende Bewußtheit kann indessen das überzeitliche Sein schwerlich ‹erworben› werden. Um zum Human-Sein gelangen zu können, muß das Selbst zu einer lebensvollen Wirklichkeit werden.

DAS SELBST   C. G. Jung bezeichnete das
Selbst als die totale Summe des bewußten und unbewußten Seins, das Letzte, das wir in der Psyche erforschen und erfahren können.[2] ‹Selbst› ist vermutlich ein aus der indischen Philosophie stammender Begriff. Dort allerdings wird darunter nicht ein psychischer Individualwert verstanden, sondern eine alles umfassende transzendentale Selbst-Bewußtheit, die sogar mit dem schöpferischen Ursprung identifiziert wird. C. G. Jung lehrte, daß das Selbst ein unbewußter, ganz-

heitlicher Wert ist, der das Ich, wie ein größerer Kreis den kleineren, einschließt. In seiner ‹Theosophie› bezeichnet Rudolf Steiner das Selbst als Kern des Bewußtseins oder als Seele in der Seele, der in ihr als Ewiges aufleuchtet. Deshalb spricht er von der ‹Bewußtseinsseele›.³ (Seele = Inneres eines Dings. Sprachkundlich wird Seele auf *See* zurückgeführt, in der Annahme, daß die Seelen der Toten und Ungeborenen aus dem Wasser kommen. C. G. Jung mißt dem Wort die Ursprungsbedeutung von *bewegende [Lebens] Kraft* zu).

Einem gegenständlichen Denken ist die unmittelbare Selbsterkenntnis versperrt. Was das Selbst ist, läßt sich nicht formulieren, weil es ein bewußter Seinszustand des eigenen Wesens ohne Grenzen ist, nicht aber ein Gegenstand, der zutreffend definierbar wäre.

DIE LAGE IM LICHT DER WISSENSCHAFT Es ist offenkundig, daß durch die Entfaltung des Ich-Denkens wissenschaftliche und technische Entwicklungen möglich geworden sind, die einen deutlichen Trend zur Ausweitung, Steigerung und Vervielfältigung aufweisen als einem Werdegeschehen, das auf Ganzheit abzielt (Bevölkerungswachstum, Produktion, Konsum, Information, Kommunikation, Mobilität). All das wird in Zusammenhang mit der zunehmenden Beschleunigung des Evolutionsablaufs gebracht.

Folgen wir den Theorien des dafür mit dem Nobelpreis ausgezeichneten Chemo-Physikers Ilja Prigogine, dann ereignet sich in ‹offenen Systemen› (die von Energiezufuhr und Abgabe leben wie Lebewesen, Mensch, Gesellschaft, Menschheit und deshalb auch Bewußtsein) eine unterschiedlich intensive Wechselwirkung.⁴

Jedes Einzelbewußtsein befindet sich im Zusammenhang mit dem kollektiven. Insofern hat jeder einzelne die Möglichkeit, auf das Ganze einzuwirken. Prigogine behauptet, daß eine geistig geordnete Minderheit (= Gruppierung von Einzelnen) die Mutation einer ganzen Gesellschaft in einen höheren Seinszustand ebenso bewirken kann, wie dies auf dem Gebiet der Chemie der Fall ist. Der einzelne bringt sein Potential in die Selbstorganisation des Werdens ein. R. Sheldrake spricht von ‹morphogenetischen Feldern›, in denen Informationen auf geistige Weise – also raumzeitlos – simultan – Empfängern zuteil werden.⁵

DAS ICH Das Entstehen eines Ich-
IN DER KRISE Standpunktes als eines
scheinbar von der Ganzheit abgetrennten Zweitwertes hat im abendländischen Denken zu einem nachhaltigen Konflikt zwischen dem Teil und dem Ganzen, zwischen Natur und Religion, Körper und Geist, Mensch und Gott, Wissen und Glauben, Tod und Leben und Subjekt und Objekt geführt. Das aber ist der Zwiespalt zwischen Denken und Wirklichkeit, der sich zu einer dramatischen Krise ausgeweitet hat.

Wenn der menschliche Geist für den Ablauf der Evolution ein so einflußreicher Faktor geworden ist, wie nie zuvor, dann gebührt dem Bewußtsein als dem Ursprung, dem ‹Heim› und der Ordnungsinstanz dieses Faktors höchste Beachtung. Ein seines ursprünglichen Selbst bewußt gewordener Mensch erlebt sich nicht mehr als ein separates und eigenmächtiges Ich, sondern als ein mit sich, den Mitmenschen, den Mitgeschöpfen, der Natur, der Umwelt und dem kosmischen Gesamtorganismus vereintes – ja identisches – Wesen.[6] Dieser Zustand hat zur Folge, daß sich dann der Ichwille nur ganzheitskonform auswirken kann.

DER RUF NACH Das Maß der Unordnung ist
DER WENDE weltweit so beängstigend
geworden, daß selbst von Politikern und Wissenschaftlern der Ruf nach einer Wende, einem neuen Bewußtsein, einem Umdenken und einem kreativen Geist immer vernehmlicher ertönt. Das aber kommt dem unfreiwilligen Eingeständnis von Hilf- und Ratlosigkeit der Wissens- bzw. der Herrschaftsvertreter sehr nahe. Was aber tut ein Mensch, der nicht mehr aus noch ein weiß? Er erinnert sich einer höheren Führungsmacht, die früher allgemein als Gott bezeichnet wurde. Hier könnte sich eine Wende ankündigen, die zur Dimension des ganzheitlichen Bewußtseins führt: einem Gewahr-Sein, in dem alle vorausgegangenen Stufen nicht verdrängt, sondern in der Gesamtheit aufgenommen sind.

GRENZEN DES DENKENS Es ist bemerkenswert, daß neuerdings auch in naturwissenschaftlichen Fachkreisen[7] die Forderung erhoben wird, daß der Mensch seine derzeitige Ichstufe erkennen muß, um sich davon absetzen und diese dann überschreiten oder transzendieren zu können. Wie und in welchem Umfang aber ist mit einem noch unausgebildeten, beschränkten Bewußtseinsvermögen die Erkenntnis einer Wirklichkeit möglich, die sich jenseits der dem Ich gezogenen Denkgrenzen befindet? Kinder müssen erleben, bevor sie erkennen können. Vom Reiz des Eindrucks werden sie zur Wirklichkeitserkenntnis geführt, ohne diese formulieren zu können.

Die Denker der verschiedenen Zeitepochen haben bis auf den heutigen Tag über die Verwirklichung des humanen Seins eindrucksvolle Lehren entwickelt, ohne daß ihnen ein befriedigender Erfolg beschieden war. Dort, wo wissenschaftlich gedacht, überzeugend argumentiert und logisch verfahren wird, spielt sich alles im Bereich des Dualismus oder des Unterteilten auf der mentalen Ebene ab, die es jedoch zu verlassen gilt. Das gehört auch zum Wesen meditativer Übungen.

DAS PROBLEM WÖRTLICHER MIT-TEILUNG Solange glaubwürdig und seriös nur erscheint, was systematisch aufgebaut, logisch durchdacht, meßtechnisch abgesichert und fachspezifisch ausgedrückt ist, wird die Kunde vom Vorhandensein eines geistigen Ursprungs- und Zentralwertes vielleicht den Intellekt erfreuen, nicht aber den Zugang zu seiner Basis erschließen. Ein basisloser (= unreligiöser) Intellekt scheint sich aber weniger spirituell (= ganzheitlich) als vielmehr materiell und womöglich noch destruktiv auszuwirken.

Uns fehlt eine Sprache, die einen spirituellen Sachverhalt so vergegenwärtigen kann, daß der Naturwissenschafter in gleicher Weise wie ein philosophischer Denker, ein religiöser Bekenner und ein intellektuell ungeschulter Mensch zufriedengestellt werden könnte.

Leider krankt auch die religiöse Literatur daran, daß die volle Wahrheitsschau der Seher durch Lehren in Schriftform verwandelt werden mußte, um die Reinheit zu erhalten. Das aber bedeutete die Materialisierung der spirituellen Botschaft und obendrein die Anpassung an den Erkenntnisstand der angesprochenen Schüler, der durchaus unterschiedlich war. Eine nur gedachte oder interpretierte Wirklichkeit ist nicht eine selbst erlebte. Und so erklären sich die vielen Mißverständnisse.

Solange Bezeichnungen abstrakte Gedankengebilde bleiben, kann die Orientierungslosigkeit und Lebensschwäche nicht behoben werden. Wem soll ‹Selbst›, ‹Gott› oder ‹Ganzheit› oder ‹Stille› zu einer selbststeuernden Anziehungskraft werden, der die zielsichere Wirksamkeit der schöpferischen Macht noch nicht erfahren konnte? Er muß sich an Fremdvorschriften, Analysen, Geboten und Einbildungen orientieren, die er oder andere sich als Ersatz für die Erlebniswirklichkeit ausgedacht haben. Es kommt nicht nur auf Leitbilder und Leitgedanken an, sondern vor allem auf das unmittelbare Vertrautwerden mit der Leitkraft selbst, damit diese die Leitung und Weiterleitung in Richtung des humanen Werdeziels übernehmen kann. Ihr Leitfaden ist der allein maßgebliche, nicht die menschliche Vorschrift.

Trotz der erwähnten Mängel sind die heiligen Schriften aus Ost und West unentbehrlich als die einzig wirkliche Fachliteratur über das Thema Ich und Selbst, Bewußtsein und Geist, Gott und Mensch, auch-oder, gerade weil sie nicht ‹wissenschaftlich› sind. Da es in unserer Darlegung nicht um Glaubenssätze und Lehrinhalte, sondern um die einschlägigen Anleitungen zur naturgemäßen Selbstentfaltung des Bewußtseins (= Selbst-Verwirklichung) geht, ist das Heranziehen des östlichen Erfahrungswissens zu der uns vertrauten christlichen Überlieferung sehr hilfreich. Es trägt auch zum besseren Verständnis der spirituellen Übungsprinzipien bei.

MYSTISCHES ERLEBEN UND WIRKLICHKEIT Die Erkenntnisse namhafter Naturwissenschaftler über die Wirklichkeit des Universums und dessen Gesetzmäßigkeit finden eine bemerkenswerte Entsprechung in den mystischen Einsichten der vergangenen Jahrtausende. (Mystik = religiöse Bewegung, die den Sucher durch innere Versenkung und Hingabe zur Vereinigung mit Gott bringen kann. Gr.: *myo* = ich schließe den Mund; *mystikos* = geheim, geheimnisvoll).

Die Einsichten der Mystiker waren das Ergebnis eines unmittelbaren Erlebens aufgrund einer langjährigen Erfahrungspraxis, nicht aber intellektueller Analysen und technischer oder chemischer Manipulationen. In den alten Schriften war die Spiritualität als der grundlegende Ganzheitsfaktor nicht ausgeklammert, wie dies in einer naturwissenschaftlichen Fakten- und Quantensprache oder in einem akademischen Fremdwortdeutsch der Fall ist. Trotz auffälliger

Ähnlichkeiten zwischen dem naturwissenschaftlichen Wirklichkeitsverständnis und der Wahrheitsschau alter Mystiker sollte dennoch der Unterschied zwischen dem Bedingten und dem Unbedingten nicht übersehen werden. Das Mysterium des Geistes läßt sich nicht mit mathematischen Formeln übermitteln, physikalisch erklären und schon gar nicht durch eine mentale Technologie beliebig manipulieren.

In der Fachliteratur stoßen wir verschiedentlich auf die Meinung, daß sich die östliche Mystik wesentlich von der westlichen unterscheidet. Soweit es sich um Zielvorstellungen und theoretische Vergleiche handelt, mag das zutreffend sein. Die östliche Mystik solle auf ein tatenloses und an der Welt desinteressiertes Privatissimum mit dem Göttlichen abzielen, während es in der christlichen Mystik auf tätige Nächstenliebe, Aufopferung für die Mitmenschen und aktive Weltbewältigung ankäme.

In der Mystik geht es letztlich um einen überkulturellen und transgeographischen – also universal-humanen – Bewußtseinszustand der gottunmittelbaren Empfänglichkeit, in dem der universale Wille allesumfassend vorherrscht. Der besagte Zustand wird elementar als Liebe erlebt, deren Eigenschaft die aktive Hingabe ist. Ob er will oder nicht, ein wahrer Mystiker kann gar nicht anders, als aus der Stille heraus liebend, mitmenschlich, naturgemäß und ganzheitsbezogen im göttlichen Wechselrhythmus von Ruhe und Aktivität handeln. Er vermag sich ebensowenig auf einem Ruhekissen privater Innerlichkeit dauerhaft niederzulassen, wie es ein Ausgeschlafener im Bett aushält, um dort die persönliche Ruhe zeitlebens zu genießen.

LEHREN HEISST
ERFAHREN LASSEN

Der für alle Verschiedenheit östlicher und westlicher oder naturwissenschaftlicher Denkweise gemeinsame Nenner ist die subjektive Erfahrung der un-(mit)-teilbaren Wirklichkeit. Dazu bedarf es einer geistigen Instanz, deren Fähigkeit darin besteht, das gedanklich oder sinnenhaft Begrenzte zu überschreiten und der allumfassenden Seinswirklichkeit inne zu werden. Dafür kommt nur das Selbst(-Bewußtsein) in Betracht. Seine Ent-deckung ist die Heimkehr zum Ursprung oder die biblische Rückkehr des verloren geglaubten Sohnes zum Vater.

ZWEITES KAPITEL

Die Grenzen des menschlich Machbaren

ORDNUNG Der Mensch ist körperlich, seelisch und geistig in die Schöpfungs- oder Gottesordnung eingebunden. Der ihm eigentümliche Ordnungssinn drückt sich aus im Streben nach Gesundheit, Frieden und Sittlichkeit, aber auch in der Freude am Rhythmus und Harmonie. Schon in der Frühzeit waren die Menschen darauf bedacht, sich durch Regelmäßigkeit und Moralgebote geordnete Gemeinschaftsstrukturen aufzubauen und sich der schöpferischen Ordnungsmacht anzupassen. Im Gesetzes- und Verordnungswesen fand der Ordnungssinn seinen bürokratischen Niederschlag. Wir bringen den Aspekt der Ordnung im Kapitel über das Glück erneut zur Sprache.

GEHORSAM Ordnung verlangt Gehorsam und Unterwerfung. Dafür ist ein entsprechender Bewußtseinszustand und eine bestimmte Verhaltensweise erforderlich. Weil der Mensch durch seine geistige Begabung mit einem Ich eigenwillig handeln kann, vermag er sich auch ungehorsam und ordnungswidrig zu verhalten. Die bewußt erlittenen Folgen seines Fehlverhaltens bieten ihm die Chance zu einer Kurskorrektur der Lebensbahn aus eigenem Willensantrieb oder auf Veranlassung von Erziehungsberechtigten.

MAGIE Zu den Urpraktiken der Menschheit gehört die Magie. Durch die Fähigkeit zu vorsätzlichem Handeln sollte der Gang der Dinge beeinflußt und bestimmte Erfolge erzielt werden. Die magische Komponente menschlichen Denkens blieb durch alle Entwicklungsphasen des Bewußtseins bis auf den heutigen Tag lebendig, wie wir an magischen Akten, symbolhaften Ritualen und beschwörenden Worten sehen. Autosuggestive und suggestive Wirkungen beim einzelnen und in der Masse gründen auf einem magischen Denken und Glauben. Konflikte mit der Religion traten ein, als die menschliche Willensmagie über die göttliche Willensmacht herrschen wollte, statt ihr zu dienen. Das Wort Magie hat sprachkundlich nichts mit *Machen* zu tun; es wird zurückgeführt auf den altiranischen Volksstamm der Meder mit ihrer besonderen Priesterkaste, die über paranormale Kräfte verfügte.

MORAL Aufgrund seiner Freiheitsveranlagung und Willensbegabung kann der Ichmensch in scheinbar beliebiger Weise Hand an sich legen. Daß entsprechende Versuche unerfreuliche, wenn nicht gar äußerst leidvolle Ergebnisse zeitigten, hat schon früh dazu geführt, das Ich als ‹böse› zu deklarieren und ihm den Tod zu wünschen. Im Ich wurde der ständige Versucher gesehen, haltlose Personen zu einem magisch-urheberischen Tun zu verführen.

Jesus erlag dem Versucher nicht, weil er nach der Legende sein Bewußtsein auf Gott richtete. Das Bemühen der eigenmächtigen Überwindung des ‹Satans› erfordert Kampf und Gegnerschaft. Als Sieger aber triumphiert auf dem Schlachtfeld wieder das Ich. Sein Versuch, sich selber zu überwinden, ist zum Scheitern verurteilt. Eine Moral, die stets das Gute will, hat es dennoch immer mit dem ‹Bösen› zu tun. Vielleicht gebot deshalb Jesus, nicht dem Bösen zu widerstreben und die Feinde zu lieben?

BEDINGTE WILLENSFREIHEIT Solange ein Mensch von seinen Triebenergien, Emotionen, Erinnerungen und Neurosen beherrscht wird, kann auch sein Wille nicht frei sein. Dennoch reicht der Spielraum aus, gegen den Strom des Lebens zu schwimmen oder dessen Lauf erheblich zu stören. Der Mensch kann sich im Fluß treiben, auch von diesem tragen lassen – ja er kann sogar durch Mitschwimmen die eigene Lebensfahrt beschleunigen. Den Strom selber kann er nicht aufhalten. Das Wasser erreicht auch auf Umwegen den Ozean.

ICHVERGESSENES DIENEN Als eine göttliche Gegebenheit stellt der Ichwille eine Gabe und Auf-Gabe dar, die es anzunehmen und zu erfüllen gilt: nämlich ordnungsgemäß damit umzugehen. Was aber soll der Ichwille tun, wenn das eingeschränkte Bewußtsein eine ganzheitsgemäße Betätigung unmöglich macht? Seit alters her bemühten sich die geistigen Lehrer, das Problem des Willkür-Ichs auf verschiedene Weise zu lösen. Die Neigung des Menschen, ein Vorbild zu verehren, anzubeten, zu idealisieren und zu lieben, eröffnete die Möglichkeit zwangloser Hingabe und Ichvergessenheit. Das Vertrauensverhältnis und der Liebeszustand zwischen Meister und Schüler erleichterten den Gehorsam und das Dienen als Voraussetzung des konstitutionsgemäßen Lebens aus der Gemeinschaft und für sie. Das bedingungslose Befolgen der meisterlichen Anweisungen war die harte Schule der Ichüberwindung und des Verzichts auf Vernünftelei. Der Gefahr der Bindung an ihre Person und die damit zusammenhängende risikoscheue Unselbständigkeit suchten die Meister oft durch sehr schmerzhafte Ablösungsmethoden zu begegnen, sobald sie dies als weitere Entwicklungsstufe des Schülers für geboten hielten. Manchen allerdings lag an der Erhaltung ihres Anhängerkreises, aus welchen Gründen auch immer.

WAS IST *GUT*, WAS IST *BÖSE*? Der Gehorsamsgedanke stand auch dort im Mittelpunkt, wo die Lehre den Ichwillen durch Gebote und Vorschriften zu reglementieren suchte. Das ‹Gute› sollte gewollt und das ‹Böse› bekämpft werden. Das war der klassische Dualismus.

Abgesehen vom Konflikt mit dem Gebot: «Dein Wille geschehe», entstand ein unlösbares Problem, denn was ist ‹gut› und was ist ‹böse›? Und welche Komplementär-Funktion kommt dem ‹Bösen› zu? Zwischen gut und böse eine Trennungslinie ziehen zu wollen, galt doch als sündhafte Selbstanmaßung des Menschen, der sein wollte wie Gott! Nach der Schrift steht dies nur Gott als dem Allein-Guten zu, der in seiner Güte alles Ungute aufnimmt und auflöst: Er, der seine Sonne aufgehen läßt über die Bösen und über die Guten (Matth. 5–45) oder das gemeinsame Wachstum von Weizen und Unkraut duldet (Matth. 13.30). Wie läßt sich das Wort «daß ihr nicht widerstreben sollt dem Übel...» (Matth. 5.39) mit einem dazu im Widerspruch stehenden Gebotskatalog vereinbaren? Eine Fehleinschätzung mußte das Fehlverhalten und Fehlleistung zur Folge haben.

URTEILEN TRENNT UND BEGRENZT Das Urteil über Gut und Böse setzt eine vorherige Lagebeurteilung voraus, die sich an bestimmten – nicht immer einheitlichen Kriterien aus der Vergangenheit – orientiert. Das Ur-teilen zerlegt die Ur-Ganzheit in wertverschiedene Hälften. Wem käme dabei nicht das Wort Jesu in den Sinn: «Richtet nicht, auf daß ihr nicht gerichtet werdet!» (Matth. 7.1.). Das mit dem Urteilen verbundene Abgrenzen und Abwerten ist mit einem Nein und einer Gegnerschaft verbunden. Wie aber soll aus dieser Zweiheit das Bewußtsein der Einheit mit der ganzen Gottwirklichkeit erwachsen, zu deren Ausdruck bekanntlich auch die Feindesliebe, Versöhnung und Friedlichkeit als Grundelement christlicher Gesinnung gehören? Urteilsverzicht oder Unvoreingenommenheit sind die Voraussetzung für die Gottunmittelbarkeit.

Das (ur)teilende Denken schiebt sich wie ein Schleier vor die Wirklichkeit. Das dualistische Denken geht nicht vom Gegebenen, sondern vom Gewünschten aus. Nicht das Sein, so wie es ist, sondern das Habenwollen von etwas anderem oder die Abwehr des Unerwünschten wird zur Lebensgrundlage. Dadurch entsteht der Zwiespalt zwischen Wunsch und Wirklichkeit. Der solchermaßen denkende Mensch ist nicht nur wirklichkeitsfern, sodern obendrein eingeschränkt, weil er im Bereich seiner begrenzten Vorstellungen lebt.

> «Erst wenn wir von der irdischen Beschränktheit unserer Auffassungen und Urteile frei werden, gewinnen wir die Unbefangenheit für die Wirklichkeit, den nüchternen Sinn, der nichts verabsolutiert, sondern alles im Universum des gesamten Seins sieht.»[8]
>
> *Johannes Müller*

VOM URSPRUNG ZUR WIRKUNG Es liegt auf der Hand, daß wir Menschen auf unserer derzeitigen Entwicklungsstufe und den gegebenen äußeren Umständen ohne das Beurteilen, Abwägen und das moralische Bemühen chaotische Zustände heraufbeschwören würden. Weder die Justiz noch die Straßenverkehrsordnung, aber auch nicht die Bestrafung oder die Angst davor sind entbehrlich. Uns geht es hier um die Frage der Bewußtseinsentfaltung oder das Ent-decken einer innersten Ordnungsinstanz als unverzichtbare Basis aller äußeren Ordnung. Die Bemühung um eine Verbesserung der äußeren Formen hat sich im Bereich des Wesentlichen als erfolglos erwiesen, wenn wir an das unchristliche oder unsoziale Gegeneinander und egoistische Vorteilsstreben denken. Eine befriedigende Moral kann nur das Ergebnis oder die Auswirkung eines geordneten Bewußtseins sein. Das Ende einer Kausalkette mit deren Anfang zu verwechseln hieße, das Pferd beim Schwanz aufzuzäumen und sich falschen Erwartungen hinzugeben.

DIE HÖHERE ORDNUNG Dem tieferen Sinn der Moral kommt näher, wer darin eine höhere Ordnung erkennt. Das Wort ‹Moral› (indogerm. Wurzel: *mo* = heftigen, starken Willens sein, lat.: *mos* = Sitte, Brauch, Gesetz) weist auf einen

Grundzustand hin, der auf einen höchsten Ordnungswillen zurückzuführen ist. Nach der Erkenntnis, daß das Empfangsorgan Mensch nichts nehmen kann (vgl. Joh. 3.27), was nicht gegeben ist, wäre Moral eine Vor-Gabe, die sich willentlich nicht schaffen, aber als die Eigenschaft einer schöpferischen Leitkraft in einem unendlich vernetzten Regelsystem entdecken und empfangen läßt. Diesem sich folgsam unterzuordnen, könnte der Sinn des Gebotes Jesu gewesen sein, Gebote zu halten.

Ordnung, Harmonie des Unterschiedlichen oder Friede gelten sowohl in der östlichen als auch in der westlichen Spiritualität als die Basis der höheren Bewußtseinszustände. In der Bergpredigt werden diejenigen glückselig gepriesen, die sich innerlich im Ordnungszustand des Friedens befinden. In der Bhagavad-Gita heißt es, daß ein Glückseligkeitsbewußtsein den inneren Frieden zur Voraussetzung hat. Eine befriedigende Wirkung kann nur die Folge – nicht aber die Voraussetzung – eines Ursprungs sein. Wenn der Leib den heiligen Geist beherbergt – wovon der Apostel Paulus ausging – dann muß auch im Körper Ordnung herrschen. Das Aufräumen und Ordnungmachen besorgt unaufgefordert die Gesundheit oder die Natur, sofern beide nicht gestört werden. Insofern gibt es eine Getrenntheit von Körper und Geist in Wirklichkeit ebensowenig wie von Mensch und Umwelt. Wir dürfen nicht vergessen, daß in der Schöpfungsordnung die Unordnung enthalten ist. Nach dem 2. thermodynamischen Gesetz befinden sich in einem offenen, lebendigen und dynamischen System Ordnung und Unordnung in einem Abhängigkeitszustand, der die Überlebensfähigkeit gewährleistet.

GEBOT UND ANGEBOT Nach dem sprachkundlichen Wörterbuch von Kluge (Berlin 1960) beinhaltet das Wort Gebot die Bedeutung von bieten und anbieten (altindisch *budh* = wachsam, rege sein, aufmerken, achten. *Bodhati* = erwacht, erweckt, erleuchtet: s. a. *Buddha*). Im Germanischen stoßen wir auf Sinngehalte wie verkündigen, mitteilen, aber auch befehlen, anordnen. Demnach geht es eigentlich um die Empfänglichkeit für ein Angebot, das dankbar angenommen werden, aber auch auf taube Ohren stoßen kann. Religionsgeschichtlich können die Gebotskataloge nicht als moralische Muß-Vorschriften, sondern auch als Richtmarken verstanden werden, an denen der aufmerksame Wanderer seinen augenblicklichen Entwicklungszustand ablesen kann. Das ‹Nicht› in vielen Geboten könnte in fataler Weise mißgedeutet worden sein. Pfarrer Rudolf Daur wies darauf hin,[9] daß es im Hebräischen für das Wort ‹Nicht› zwei Worte mit verschiedener Bedeutung gibt: *al* und *lo*. Das Wort *al* wird bei einem Verbot verwendet, während *lo* eine Feststellung ist. Die Gebote Mose werden mit *lo* eingeleitet. Damit wird ein geistiger Ordnungszustand angesprochen, in dem es nicht möglich ist, zu töten, zu stehlen, zu lügen etc. Schließlich befindet sich die Quelle allen Denkens, Wollens und Tuns im Ursprung des Bewußtseins. Diese unwillkürliche Moral ist im Gegensatz zur willentlichen gewalt- und konfliktlos. Es gilt zu unterscheiden zwischen Moral als einer Vorschrift und als einer Inschrift.

Gegen das Verlagern der Religion auf das Gebiet der äußeren Moral sind immer wieder Bedenken erhoben worden. Lama Anagarika Govinda meinte, daß das Gleichsetzen von Moral und Religion der verhängnisvollste Irrtum der Menschheit war, der noch durch die Verquickung von Sexualität mit Unmoral vergrößert wurde.[10]

PSYCHOLOGIE Seit Sigmund Freud haben sich die Erkenntnisse und Therapien der Individualpsychologie mit zunehmender Beschleunigung vervielfacht. Einerlei von welcher gewählten Ausgangsposition die Schulwege verfolgt wurden, alle hatten den Bewußtseinswandel im Visier mit dem Ziel einer Selbstverwirklichung. Die Einsicht in die Problematik einer psychologischen Selbstfindung hatte zur Entwicklung neuer Verfahren in Richtung gruppendynamischer, spiritueller, humaner, universaler oder transpersonaler Wirklichkeitsergründung geführt. Das Beibehalten der Aufteilung von Menschen in Typen, Stufen, Strukturen und Krankheitsgrade hat es den Betroffenen erschwert, sich der übergeordneten Heil-Macht anzuvertrauen und auf das Trennen und Spezialisieren zu verzichten. Dies ist wohl der Grund, warum immer wieder neue Verfahren entdeckt und angepriesen werden, die sich bald als überholt oder ergänzungsbedürftig erweisen. Solange das Neue im alten Schema oder Denkstil vertreten wird, besteht die Wahrscheinlichkeit, daß sich auch die Wirkung in alten und engen Grenzen hält.

ERFOLGSGRENZEN DER BEMÜHUNG Unter dem Einfluß enger Bindungen an das Materielle und Machbare der heutigen Welt- und Tatsachenmenschen werden den meisten Interessenten hauptsächlich Willensübungen auf dem Gebiet der moralisierenden, religiösen, psychischen, technischen oder körperlichen Selbstmanipulation gezeigt. Ihr Einfluß auf den Wandel des Bewußtseins oder der Gesinnung ist aber auffällig gering:

Johannes Müller schrieb, daß alle offiziellen Heilswege dem Menschen ein Tun aus eigener Kraft vorschreiben, das auf Vorsatzbildung und Willensanstrengung beruht. Es sah darin Machenschaften, die das Geschehen des schöpferischen Gotteswillens vereiteln. Er fand sich bestätigt durch die im Wesentlichen unfruchtbar gebliebenen Bemühungen der letzten zwei Jahrtausende auf dem Gebiet der Wesensentfaltung.[11]

‹*Die Mutter*›, Mitbegründerin des Aurobindo Ashrams in Pondicherry, zog in aller Nüchternheit die Bilanz, daß ihr das Ergebnis der geistigen Bemühungen der Menschen und Rassen seit Erschaffung der Erde wie ein Nichts und eine ruhmlose Arbeit ohne Resultat und erfüllende Freudenserfahrung vorkomme.[12]

C. G. Jung stellte fest: «Die Wirkung auf alle Individuen, die man erzielen möchte, kann auch in Hunderten von Jahren nicht eintreten, denn die geistige Veränderung des Menschen erfolgt fast unmerklich im langsamen Schritt der Jahrtausende und läßt sich durch keine rationalen Überlegungsprozesse beschleunigen oder aufhalten, geschweige denn innerhalb einer Generation bewerkstelligen».[13]

Aus seiner Ganzheitserkenntnis wußte er allerdings, daß die Veränderungen beim Einzelmenschen nicht ohne Einfluß auf die Mitmenschen sind: «Die Vertiefung und Erweiterung des Bewußtseins erzeugt jene Wirkung, welche die Primitiven als *mana* (= geheimnisvolle, übernatürliche Kraft in bestimmten Menschen) bezeichnen. Es ist dies der unbewußte Einfluß auf das Unbewußte anderer, der allerdings nur solange seinen Effekt behält, als er nicht durch Absichtlichkeit gestört wird».[14]

ZUSAMMENFASSUNG Der Willensmensch kann sich im Bereich des äußerlich Machbaren – mit mehr oder weniger Erfolg – um das Einhalten der moralisch gebotenen Ordnung bemühen. Der Versuch, sich dadurch auf eine höhere Bewußtseinsstufe emporzuarbeiten, ist zum Scheitern verurteilt. Wer Vorsätze verwirklichen, Idealen gerecht werden, Vorschriften befolgen, Gebote erfüllen, Ziele erreichen oder Gegner bekämpfen *will,* befindet sich in einem noch vorspirituellen Zustand des Mißtrauens gegenüber der überlegenen Führungsmacht des Göttlichen. Er sieht sich genötigt, alles in die besserwissende Regieführung des eigenen Ichs zu nehmen, ohne sich durch die Erfahrung von Fehlschlägen beirren und zur Umkehr bewegen zu lassen.

Die Wesens- und Bewußtseinsentfaltung kann niemals der Erfolg *unserer* eigenen Leistung sein, sondern nur das Ergebnis einer schöpferischen Werdekraft, für die wir empfänglich sind. Das gewinnbringende Wachstum wird gefördert durch Empfangen, Geben, Schenken, Lieben und Dienen, denn *leben* bedeutet Austausch. Kein Wachstumsvorgang ist rückwärts orientiert und durch das Vergangene motiviert, wie das moralische Bemühen, sondern gänzlich augenblicksbezogen. Die Wirklichkeit ist immer nur hier und jetzt, während das Kommende nur eine gedachte (Un)Wirklichkeit vorspiegelt. Die stärkste Macht in unserem Leben ist das, was die größte Verwandlungskraft besitzt. Das aber ist die göttliche Wirksamkeit, die sich durch Gebet, Meditation, Opfer oder Werk des Menschen nicht erarbeiten läßt. Sie waltet so souverän, wie die Sonne unbeeinflußt von den Wolken am Himmel strahlt.

Die Bindung an die Welt seiner Wunsch- und Abwehrgedanken fesseln den Menschen an den Dualismus und seine Grenzen. Sein Sinn kann nicht unbefangen, unvoreingenommen und vorurteilslos sein. Das aber wäre die Voraussetzung für ein unmittelbares Erleben der unverfälschten Wirklichkeit und der Einheit mit ihr. Der Denker wird gesteuert von den zweitrangigen Informationsenergien seiner Vor-stellung, nicht aber von den Originalimpulsen der Wirklichkeit.

DIE FRAGE NACH DER ALTERNATIVE Angesichts der offenkundigen Erfolgsgrenzen, die dem dem Ichwillen bei seinem Streben nach einer Bewußtseinsentfaltung oder Wesensbildung gezogen sind, müssen die Möglichkeiten untersucht werden, wie auf eine natürliche Weise die transrationale und vorbegriffliche Bewußtseinsdimension zu erschließen ist. Dabei kommt der Meditation eine wichtige Funktion zu. Selbst Naturwissenschaftler üben und empfehlen sie.[15]

DRITTES KAPITEL

Das Grundprinzip
der Bewußtseinserweiterung

WERDEN Das spirituelle Prinzip der schöpferischen Selbstentfaltung ist das wachstümliche ‹Vonselbst-Geschehen›. Jesus hat das Reich Gottes als all-einige und höchste Wirklichkeit mit Bildern aus der Natur veranschaulicht, in der das Wachsen, Werden und Reifen das göttliche Wirken beweist. Denken wir an das Gleichnis vom Senfkorn, vom Sauerteig und vom Landmann: die von ihm gesäten Körner fallen auf die Erde, und diese bringt ‹von selbst› zunächst den Halm und dann die Frucht hervor, die nur noch von dem zwischenzeitlich un-tätigen Sämann geerntet zu werden braucht.

SELBSTORGANISATION Bei aller Sorge um das bedrohlich erscheinende Weltgeschehen darf nicht vergessen werden, daß sich das Universum nach den heutigen Erkenntnissen selbsttätig organisiert und reguliert als ein Geschehen, das, wie die in biologischen Prozessen waltende Gestaltungskraft, vom Menschen weder erzeugt noch ersetzt werden kann. Wie das Universum mit seinen ganzen Untersystemen, baut sich unser Körper seine Struktur einschließlich des Bewußtseins aus sich selbst auf und sorgt für alle lebenswichtigen Funktionen. Welche Weisheit steckt in all den geheimnisvollen Informationsübermittlungen und Entscheidungsprozessen! Das ist das schöpferische Gestaltungsprinzip.

VOLLKOMMENSEIN Der Mensch ist nicht ein aus dem Wirklichkeitsganzen herausgelöstes Teilchen, sondern existiert in Einheit mit dem Seins-Strom fluktuierender, sich wechselseitig oder gegen-sätzlich bedingender Kräfte. Dieser Einbindung kann er sich überdies noch vollkommen bewußt werden. Zum Mensch-Sein gehört fraglos der wache Geist, wie schon die Sanskritwurzel besagt: *hu* = glücklich; *man(as)* = Schöpfergeist. In der Bergpredigt heißt es: «Darum sollt ihr vollkommen sein, wie der Vater im Himmel vollkommen ist». Vollkommen bedeutet im biblischen Sinn ganz, heil, vollendet. Um ein vollendeter, ganzer Mensch sein zu können, muß die eingeborene Bewußtseinsinstanz ihr volles Leistungsvermögen ausbilden oder entfalten. In Wirklichkeit ist die Vollkommenheit von allem Anfang an gegeben, wenn wir uns vergegenwärtigen, daß Gott den Menschen sich zum Bilde geschaffen hat, und zwar «als einen Mann und ein Weib». Beide Aspekte ergänzen sich durch ihre Verschiedenartigkeit zum vollendeten Menschen. Die Trennung des Zusammengehörigen ist naturwidrig und deshalb unstatthaft. (vgl.: «Was Gott zusammengefügt hat, soll der Mensch nicht trennen.» Matth. 19.6.)

Die Gottgleichheit und Gotteskindschaft sind uranfängliche Gegebenheiten, die zu erkennen und zu empfangen erst das eigentliche ‹Human›-Sein ausmachen. Wie sollte dem Sein etwas hinzugefügt werden können, das nicht schon vorhanden wäre? In den Upanishaden heißt es: Ich bin DAS, du bist DAS, alles ist DAS. Diese, vielen Mystikern in Ost und West bekannte Erfahrung besitzt ihre moderne Entsprechung in den neuesten Erkenntnissen der Naturwissenschaftler, nach denen ein ‹Anderes› im herkömmlichen Sinn nicht existiert und das ‹Teilchen› immer zugleich das Ganze, Vollkommene ist. Daß dennoch viele Menschen ‹weiterkommen› wollen und nach Perfektion streben, ist nur aus der Einheit von Sein und Werden oder Ziel und Weg erklärlich, gleich dem bewegten Wechselspiel zwischen Ozean und Wellen.

PRIMAT DES HÖCHSTEN Primat des Höchsten besagt, daß auch bei der spirituellen Selbstentfaltung das schöpferische Prinzip oder der höchste, göttliche Wille Vorrang haben.

«TRACHTET AM ERSTEN NACH DEM REICH GOTTES UND SEINER GERECHTIGKEIT» (Matth. 6.33)

Das Wort trachten erinnert an das Achten (=Wertschätzen, Fürsorgen, Ehren, Anerkennen), wobei die Zielrichtung der Achtsamkeit das Entscheidende ist. Ein Mensch kann sich entscheiden, seine Aufmerksamkeit diesem oder jenem zu schenken. Die genannte Gerechtigkeit (= Richtigkeit) stellt ein Ordnungs- und Ausgleichsvermögen dar, das durch die schöpferische Wirksamkeit des göttlichen Willensgeschehens für die Gemeinschaft der verschiedensten Elemente sorgt. Das wichtigste aber ist eine Antwort auf die Frage, wie ein suchender Mensch praktisch trachten soll, um ‹seinem› Reich-Gottes-Zustand näher zu kommen oder diesen gar leibhaftig verwirklichen zu können. Diese Frage wurde Jesus von einem jungen Mann gestellt, dem trotz Wohlstand und Tugend das Wesentliche im Leben fehlte:

«Guter Meister, was soll ich Gutes tun, damit ich das selige Leben haben kann?» (Matth. 19.16). Selig bedeutet im biblischen Sinn soviel wie ‹ewig, unsterblich›. Heute ist mehr von einem ganzheitlichen, ungeteilten Bewußtsein ohne Grenzen die Rede. Jesus antworte:

«NIEMAND IST GUT, Es gibt nur eine Gottwirk-
DENN DER EINIGE GOTT» lichkeit und diese ist unge-
(Matth. 19.17) teilt oder nicht begrenzt.
Gott ist als Wirklichkeit nicht nur in Ordnung, sondern allein auch ‹gut› – also jenseits der Opponenten Gut und Böse. Außerdem machte Jesus klar, daß nicht seine Person, sondern allein Gott der Meister ist. Damit lenkt er die Aufmerksamkeit des Jünglings auf das Höchste, nämlich die allein maßgebliche Wirkkraft des Schöpfers. Wer also Gutes tun und glücklich sein möchte, muß mit dem Einzig-Guten geistig beschaffenheitsgleich werden. Das aber ist nur über die Ordnung, über das Reich-Gottes-Bewußtsein möglich. ‹Gut› entstammt der indogermanischen Wurzel *ghedh* = umklammern, fest zusammenfügen, zupassen. Es handelt sich demnach um das Einfügen in eine höhere menschliche Gemeinschaftsstruktur. Adams Versuch, sich das Gotteswissen um Gut und Böse anzumaßen, beendete die Einheit.

«HALTE DIE GEBOTE» Obwohl Jesus die Gebote
(Matth. 19.17) noch einzeln aufführte (du sollst nicht töten, ehebrechen, stehlen, verleumden), ging es weniger um Einzelergebnisse moralischer Leistungen als vielmehr um die Einübung des Gehorsams gegenüber der Gottesordnung. Die Voraussetzung für die Entfaltung höherer Bewußtseinszustände ist das Befolgen der schöpferischen Gesetzmäßigkeit. Der Mensch ist geschaffen und ange-*ordnet* als ein Empfangs- und Ausführungsorgan, nicht aber als Urheber. Die der humanen Konstitution angemessene Lebenshaltung ist das ich-vergessene Dienen. Es bedingt das Gehorchen, Folgen, Befolgen und Nachfolgen. Für die Einübung des Gehorsams boten sich die geläufigen Gebote besonders an. Wo diese allerdings durch ein Machtdenken pervertiert wurden, konnten verängstigter Untertanengeist und Kadavergehorsam entstehen.

Wer sich an die Gebote hält, hat diese damit noch keineswegs innerlich erfüllt. Der Unwissende muß erst die Grenzen des von ihm Machbaren erkannt haben, um sich dem Willen Gottes ergeben und sich von diesem über die Grenzen führen lassen zu können. Wäre es Jesus um moralische Erfolge gegangen, dann hätte er ein entsprechendes Leistungsstreben nicht als vergeblich bezeichnet. Nicht die Tugendhaftigkeit, sondern die Empfänglichkeit nannte er als die Voraussetzung für das Reich Gottes. (vgl.: «Beim Menschen ist's unmöglich; aber bei Gott sind alle Dinge möglich.» Matth. 19.26.)

«WENN IHR EUCH NICHT UMKEHRT UND WERDET WIE DIE KINDER, SO KÖNNT IHR NICHT IN DAS HIMMELREICH KOMMEN!» (Matth. 18.3) Kinder lassen sich nicht zu Erwachsenen ‹machen›. Sie können nur ‹von selbst› erwachsen werden. Der Werdevorgang als solcher ist Ausdruck der obwaltenden Vollkommenheit. Werden beruht auf Sein-lassen, Geschehen-lassen, vertrauen und lieben, die ein zusammengehöriges Ganzes bilden. Das aber bedingt ein allesumfassendes (= nicht eingegrenztes) Bewußtsein. Die Gelassenheit ist ein Glaubenszustand, der sein Genüge in der gegebenen Gottwirklichkeit findet.

Meister Eckhart sagte: «Gottes sein ist unser Werden». Für ihn war beides eins. Werden und Sein sind nicht machbar. Die Umkehr besteht darin, daß sich der Mensch seiner Verfassung gemäß nicht als Selbstherrscher, sondern als Werkzeug in Gottes Hand versteht und seine Aufmerksamkeit nicht ausschließlich dem äußerlich begrenzten und materiell Vergänglichen, als dem vermeintlich allein Realen, zuwendet. Statt des alttestamentarischen Reich-Gottes-Begriffs verwendete Jesus auch die Bezeichnung ‹Himmelreich›. Ziehen wir die Seligpreisungen der Bergpredigt zurate, so war in ihnen von einem unbegrenzten (= ungeteilten, unparteiischen, überzeitlichen, über-gegensätzlichen) Bewußtseinszustand im ewigen Hier und Jetzt die Rede, nicht aber von einem gedachten und – wegen seiner Zukünftigkeit zeitlichen – Fernziel. Reich Gottes ist das humangemäße Glückseligkeitsbewußtsein der All-Einheit, deren Wirklichkeit sich in jeglichem Glücksstreben in Erinnerung bringt. Die Ursprungsbedeutung von selig war: glückselig, glücklich, gesegnet, gut, heil. Nach der östlichen Philosophie ist *Sat chit ananda* (= Seelig-bewußt-Sein) die Eigenschaft des Seins und des Inne-Seins: ein grenzenloser, heiler Ganzheitszustand.

«Beim Menschen ist's unmöglich, aber bei Gott sind alle Dinge möglich!» (Matth. 19.26). Diese Feststellung besitzt noch weitere Entsprechungen: «Es kann niemand zu mir kommen, es sei denn, daß ihn ziehe der Vater, der mich gesandt hat.» (Joh. 6.44.) – «Ein Mensch kann nichts nehmen, es sei denn, es werde ihm gegeben vom Himmel.» (Joh. 3.27.) – «Der Sohn kann nichts von sich selber tun – denn ich suche nicht meinen Willen, sondern den Willen des', der mich gesandt hat.» (Joh. 5.19.) Der Unterschied zwischen Ichtum und Schöpfertum besteht darin, daß ersteres gottvergessen, letzteres hingegen gottbewußt ist: Ohnmacht und Vollmacht!

»*DEIN WILLE GESCHEHE*» Dieser Satz ist die Kurz-
(Matth. 6.10) formel für das Charakteristische des Reich-Gottes-Zustandes. Der Verzicht auf die eigenmächtige Betätigung des Ichwillens erlaubt das Vertrautwerden mit dem Walten eines dann ungestört tätigen Gotteswillens. Wem das Vertrauen fehlt, der könnte dennoch aus Wißbegier einen Versuch wagen und über den Erfolg zum Vertrautwerden gelangen. Viele Versuche werden als Übung bezeichnet.

«*ALLE DINGE* In der Szene mit dem epi-
SIND DEM MÖGLICH, leptischen Jungen, dessen
DER DA GLAUBT» ‹sprachlosen Geist› die Jün-
(Mark. 9.23) ger vergeblich auszutreiben versucht hatten, beantwortete Jesus die erstaunte Frage des Vaters nach der Herkunft seiner erfolgreichen Heilkraft mit dem Hinweis auf den Glauben. Den Jüngern erklärte er zusätzlich, daß «diese Art nicht ausfährt» ohne Beten und Fasten.

Das Gebet ist entweder eine Ergebung in die Willensmacht Gottes, der Versuch seiner Mobilisierung durch Anruf oder ein wunschloses und achtsames Anschauen (= Gewahrsein) des Höchsten im Wert des Geistes und der Wahrheit. Fasten war das traditionelle Mittel, um über die Entschlackung des Körpers zu einem gereinigten und verfeinerten Gewahrwerden des Göttlichen zu gelangen. Fasten und Beten sollen beide im Verborgenen, Stillen, frei von Außeneinflüssen, erfolgen. Die von Jesus genannten Bedingungen sind bezeichnenderweise von einer deutlichen Aktivitätsabnahme begleitet.

Unter Glaube ist hier fraglos das spontane Urvertrauen gemeint im Sinn einer undogmatischen Gottunmittelbarkeit. Das entsprechende Bewußtsein schließt den Ursprung ein. Was aus diesem Zustand durch den gotteinigen Menschen geschieht, trägt das Siegel des Schöpferischen.

Glaube (germ.: *ga-laubian* = für liebhalten, gutheißen), ist sprachverwandt mit Liebe und bedeutet ursprünglich unmittelbares Vertrauen. Und Vertrauen hängt zusammen mit *Trost, treu, ehrlich, wahr, fest* (indogermanisch: *deru* = Eiche, Baum). Liebe als höchstmöglicher Gemeinsinn ist die Voraussetzung für die grundlegende Lösung des sozialen Problems, das, als Ursache der Weltkrise, die Folge eines Bewußtseinsdefizits ist. Ein Glaubender handelt im Namen Gottes als ein von ihm Ermächtigter, weil er aus der divinen Vollmacht schöpfen kann, wie das Beispiel der Apostel lehrt. Sobald der heilige Geist des Christuswesens im Menschen voll erwacht ist, verfügt er über die Vollmacht «im Namen Christi oder Gottes» Wunderbares zu vollbringen. *Name* ist hier nicht die Benennung einer Person, sondern die Berufung auf das Göttliche. Das individuelle Bewußtsein ist auf die kosmisch-universale Dimension ausgeweitet: kosmisches Bewußtsein.

Die formlose Ebene, aus der die Vollmacht geschöpft wird und aus dem das Wunder der Form hervorgeht, ist unerschöpflich schöpferischer Natur. Aus ihrer Unbegrenztheit entsteht unversehens die polar organisierte Begrenztheit, ohne daß sich der Ursprungswert dabei verändert. Das ist der heile Zustand.

»VERKAUFE WAS DU HAST» Die Habseligkeit ist im Un-
(Matth. 19.21) terschied zur bewußten Seinsseligkeit nicht nur ein vorübergehender Trug, sondern auch ein Werde-Hindernis. Das gedankliche Hängen am Habhaften übt einen einschränkenden Einfluß auf das seiner Natur nach freie Bewußtsein aus. Es geht also nicht um das Haben oder Nichthaben, sondern um das Freiwerden vom Einfluß der Grenzen, die in Wirklichkeit gar nicht existieren. Mit dem Ende der Begrenztheit hört die Vorherrschaft von Leiden, Wünschen, Sehnen und Erwarten auf. Der Gehorsam und die Lösung vom gegenständlichen Besitz- oder Armutsdenken – und dazu gehörten auch die Statussymbole und Ich-

attribute – entziehen dem Ich seinen selbstgedüngten Nährboden. Dem ‹Habensmodus› (E. Fromm) folgt der ‹Seinsmodus› des Lebens.

»*DU SOLLST NICHT TÖTEN*» Die Gewaltlosigkeit ist das
(2. Mos. 20 – Matth. 5.21) Fundament der Selbst-Entfaltung. Keine Gewalt anwenden gegen dich selbst, die anderen, die Natur und die Umwelt! Du sollst überhaupt nichts tun, was anderen schadet! Du sollst in allem das Göttliche lieben lernen, indem du von dir aus dem «Übel nicht widerstrebst», dich mit dem Widersacher versöhnst und sogar die Feinde in dein Herz schließt. Um zur Ganzheit zu gelangen, müssen die Gegnerschaft, der Zwang, das Mißtrauen, das Machtdenken, das Rechthaben, das Vorherrschaftsstreben und die Negativität aufhören. Die Versenkung in die Stille läßt erfahren, wie es zum zwanglosen Gewaltverzicht kommt. Welche Macht muß das sein, die das bewirken kann!

«*LIEBE!*» Natürlich kann niemand
(Matth. 19.19) auf Kommando lieben. Das Gebot ist ein Angebot! Es ist nur eine andere Version des Vollkommenheitsgebotes, das sich auf das Bewußtsein bezieht. Bewußtsein ist die Grundlage oder Voraussetzung für das Aufkommen und Erleben der Liebe. Wenn Liebe als höchstes Wertschätzungsvermögen zugleich Gottes-Erkenntnis ist (= Gottes inne sein), dann sind Bewußtsein und Liebe zusammengehörig. Nur ein göttliches Bewußtsein vermag ganzheitlich zu lieben. Insofern kann es nur in dem Maß zu einer Selbstentfaltung der Liebe kommen, als sich das Bewußtsein weitet. Das Gebot Jesu könnte auch lauten: Du sollst glauben oder empfänglich werden, um lieben oder ganz du selbst sein zu können! – wobei allerdings das ‹Um-zu› der kausalmechanistischen Denkgewohnheit angehört.

«*GOTT IST GEIST,* Hier wird gesagt, was
UND DIE IHN ANBETEN, nicht-gegenständliche Me-
DIE MÜSSEN IHN IM GEIST ditation darstellt, auch
UND IN DER WAHRHEIT wenn über die Einheit in
ANBETEN» der Sprache der Zweiheit
(Joh. 4.24) gesprochen wird.

«Das kräftigste Gebet ist jenes, das hervorgeht aus dem ledigen Gemüt. Das ist ein lediges Gemüt, das durch nichts beirrt und an nichts gebunden ist, das sein Bestes an keine Weise gebunden hat und in nichts auf das Seine sieht, vielmehr völlig in den Willen Gottes versunken ist und sich des Seinigen entäußert hat.»
Meister Eckhart, Rede 2

«Nicht gedenke man Heiligkeit zu gründen auf ein Tun, vielmehr auf ein Sein. Denn die Werke heiligen nicht uns, sondern wir sollen die Werke heiligen. Gott wirkt ohne Mittel und Bild. Je freier du von Bildern bist, um so empfänglicher bist du für sein Einwirken».
Meister Eckhart, Rede 4

Wie das Gleichnis vom verlorenen Sohn lehrt, kann der Mensch durch den Leidensdruck sein Abdriften vom Lebenskurs bemerken und die Irrfahrt durch eine Richtungskorrektur beenden. Sein Kompaß ist die Er-innerung an das Zuhause. Die Wende ist jederzeit und überall von dort aus möglich, wo sich der Heimkehrwillige befindet. Die Orientierung am Primat des Höchsten ist der Wegweiser für die Heimkehr zum Ursprung.

VIERTES KAPITEL

Meditation
Yoga und Versenkung

Immer mehr Menschen interessieren sich für die verschiedenen Möglichkeiten der Verinnerlichung, sei es durch Beschäftigung mit einschlägiger Literatur, durch den Besuch von Informationsvorträgen oder sogar durch die Ausübung von geistigen und körperlichen Übungen der Stille. Ein zunehmendes Bedürfnis nach innerer Ruhe, Ordnung, Sammlung und Gelassenheit tut sich kund. Das Interesse wird meist geweckt durch ständigen Leidensdruck, gesundheitliche Funktionsstörungen, neurotische Verspannungen, andauernde Lebensängste, aber auch vielfach durch eine Ursehnsucht der Seele nach einer spirituellen Ergänzung des einseitig materiellen Denkens. Hinzu kommt der Drang, sich von den ideologischen, gesellschaftlichen und wirtschaftlichen Zwängen zu befreien. Es ist, als ob sich eine lautlose Revolution der Herzen anbahnt. Der Revolutionär aber ist nicht primär das Denken, sondern die schöpferische Energie im erwachenden Selbst.

Viele Bücher und Berichte in den Massenmedien haben zwar dem Wort Meditation zu einem großen Bekanntheitsgrad verholfen, nicht aber die weitverbreitete Unwissenheit darüber beseitigen können, worum es eigentlich geht. Die Vorstellungen darüber sind nicht nur denkbar verschieden, sondern oft auch äußerst unzutreffend. Daraus erklären sich einerseits die übersteigerte Erwartung oder die entschiedene Ablehnung. Letzteres gilt insbesondere für jene, die als Sachverwalter der Seele und des Glaubens zwar an Meditation vorrangig interessiert sein müßten, diese aber für eine unseriöse Konkurrenz halten. Andere glauben, mit Rücksicht auf ihr Selbstwertgefühl oder Prestigebedürfnis, sich nicht auf Meditation einlassen zu dürfen. Für sie käme das einem Eingeständnis von Lebensschwäche, Psycholabilität, Schlafgestörtheit, Süchtigkeit oder gar Verzweiflung gleich. Sie meinen, keine Zeit für den Luxus einer privaten ‹Nabelschau› zu haben, die obendrein keinen wirtschaftlichen Profit erwarten läßt. Manche befürchten den vermeintlichen Zwang, sich einer Person, einer Lehre, einer Gruppe oder einem Habitus unterwerfen zu müssen, als Sektierer belächelt zu werden und auf Fleisch, Nikotin, Alkohol und andere Lebensfreuden verzichten zu sollen. Außerdem identifizieren sie meist Meditation mit einem negativen Indienbild, Yoga oder einer gefahrvollen Fremdmentalität. Es gibt auch Ethiker, die in der Meditation eine Art Selbstbefriedigung und Selbsterlösung sehen, die angesichts des Elends anderer nicht verantwortet werden kann.

Es muß auch erwähnt werden, daß einige Menschen einfach Angst davor haben, sich auf das Abenteuer eigener Bewußtseinserfahrung einzulassen und dabei womöglich der ‹Gefahr› neuer Erkenntnisse ausgesetzt zu werden. Sie fühlen sich in den vertrauten Denkgehäusen trotz der Enge dennoch relativ sicher. Sie sind vielleicht auch schon zu bequem, sich einer Disziplin im Sinne eines regelmäßigen Übens zu unterwerfen, oder es mit einem Lehrer zu tun zu haben, demgegenüber sie unwissende Anfänger sein könnten (lat.: *discipulus* = Schüler, Lernender). Wenn dann möglicherweise Vorkenntnisse, sittliche Reife oder gar noch Gelübde verlangt werden, dann fühlt sich mancher von vornherein überfordert.

Uns liegt daran, die Aufmerksamkeit auf den gemeinsamen Ursprung der unüberschaubar vielen Meditationsverfahren zu lenken und die Einfachheit dort hervorzuheben, wo es sich um eine natürliche und weitgehend selbsttätige Übungsweise bei der Heimkehr zum Ursprungsleben handelt. Und dabei soll es sich nicht um ein denkerisches Philosophieren, um weltanschauliche Konzepte oder Vorstellungen von Zukunftsidealen gehen, sondern um Hinweise auf die Möglichkeiten unmittelbarer Eigenerfahrung bei der schöpferischen Selbstentfaltung. Sie allein ist das Kriterium für den Lebensgewinn.

Unter Meditation wird im allgemeinen ein Nachsinnen, Nachdenken und Sich-Vertiefen oder Versenken in einen Gegenstand religiöser Wertvorstellungen verstanden. Das kann ein Wort aus den heiligen Schriften, ein Symbol oder Bild sein. Üblicherweise wird Meditation im Zusammenhang mit Konzentration (geistige Sammlung, Anspannung, höchste, auf einen Punkt gerichtete Aufmerksamkeit), Kontemplation (schauende Versunkenheit in Werk und Wort Gottes). Imagination (Einbildung, bildhaft anschauliches Denken, Phantasie) und Selbst-Hypnose (griech.: *hypnos* = Schlaf), die als Selbsteinrede von Formeln eine gewünschte Wirkung erzielen sollen.

Das Wort Meditation ist zurückzuführen auf die indogermanische Sprachwurzel: *med* = messen, ermessen, abschreiten, wandern, sich üben. lat.: *meditari* = nachsinnen, nachdenken. Ein Nachdenken ist ein Hinterherdenken und womöglich ein Erwarten, jedenfalls ein an das Zeitliche und Gegenständliche gebundener Vorgang. (vgl. lat.: *mederi* = heilen, abhelfen, erleichtern und *medicus* = Arzt, als der weise Ratgeber, der um die Heilung und das Heile, Ganze weiß). Trotz ihrer Passivform werden die beiden Verben aktiv verstanden. Das Medium in der Sprache macht auf die mediale oder schöpferische Verfassung des Menschen als eines Empfangenden und zugleich Gebenden (= Liebenden) aufmerksam.

Die Ausformung der Stammsilbe *med* in den verschiedenen indoeuropoäischen Sprachen vergegenwärtigt wichtige Komponenten der Meditation. Diese sind Muße, Maß (Ordnung), müssen (aus innerem Antrieb), (wert)-schätzen, üben, können, beherrschen (meistern), Lebensführung. Die Muße diente ursprünglich als Vorbereitung für eine nachfolgende Schulung, war also eine sinnvolle Sammlung.

Der Sinn wirkt sich als Fürsorger, Walter und Herrscher (griech.: *medon* = König) aus. In das eigene Leben kommt durch eine kluge Höchstinstanz Rat, Ordnung, Richtung und Führung zum Heilen, Ganzen. Im alten Indien gab es eigens für die Machthaber den königlichen Übungspfad – den Radja-Yoga (Maha-radja = großer Herrscher) –, der diese befähigte, die übergeordnete spirituelle Autorität der Seher und Weisen als die höchste zu achten, sich ihrer Führung anzuvertrauen, gehorsam zu dienen und somit verantwortungsbewußt (= Antwort auf das «Wort aus dem Munde Gottes») zu herrschen.

Die östliche Spiritualität weist eine ehrwürdige Tradition auf, in der Meditation, Erfahrung, Philosophie, Astrologie, Religion, Heilkunde, Kunst und Bildung ein Ganzes waren. Der größte Teil der westlichen Abhandlungen über Meditation stützt sich auf das Studium der alten Texte und Praktiken, weshalb es naheliegt zu untersuchen, was dort unter Meditation verstanden wurde. Das tun wir auch wegen der anhaltend großen Faszination, die von der asiatischen Spiritualität ausgeht und auf ein entsprechendes Defizit hierzulande schließen läßt. Als das Ursprungsland der Auskünfte gilt Indien.

Die indische Philosophie ist in sechs Systeme gliedert, deren viertes als Yoga bezeichnet wird. Das Wort *Yoga* bedeutet im Sanskrit *Einheit* oder *Bewußtsein der Einheit* (indogermanisch: *yuga-m* = Joch; idg.: *ieu-* = anschirren, zusammenbinden, verbinden). Das Anschirren bezieht sich auf das Joch, das zwei Zugkräfte zur Aktionsgemeinschaft verbindet (Religio!).

Wenn es nicht paßt, drückt es die Eingespannten. Das aber kann sehr unbequem und qualvoll werden! Auch Jesus sprach von seinem – allerdings sanften – Joch.

Dem indischen Weisen Patanjali (ca. 500 v. Chr.) kommt das Verdienst zu, das Jahrtausende alte Erfahrungsgut der Veden (sanskrit: *veda* = Wissen) in seinem klassischen Yoga zu einer systematischen Philosophie zusammengefaßt und dabei das Prinzip und die Gesetzmäßigkeiten dargelegt zu haben, die auf dem Weg zur Einheit maßgeblich sind. Die Übungspraxis selbst geht allerdings daraus nicht hervor, auch nicht aus seinen ‹Yoga-Sutras› (sanskrit: *sutra* = Faden, Leitfaden). In ihren 195 Leitsätzen ist die Urform des Yoga verdichtet, deren Kommentierung noch immer kein Ende gefunden hat.

Die Lexika beschreiben Yoga als eine Methode der Konzentration, die zur Selbsterlösung durch völlige Beherrschung des Körpers und des Geistes führen soll. Damit ist aber das Wesen des Yoga nicht zutreffend erfaßt. Vielmehr hat diese Sichtweise zu dem weitverbreiteten Mißverständnis geführt, daß Yoga der Versuch einer asketischen und lebensfernen Eigenmanipulation sei, mittels derer der seligkeitsbedachte Ich-Mensch sich unabhängig von Gott und seiner Gnade um einen persönlichen Vorteil bemüht.

Dem Yoga liegt die menschliche Ursehnsucht nach Unvergänglichkeit und Leidüberwindung zugrunde. Es geht dabei um die große Ordnung und das Ordnungsgemäße. Der Sinn der Yoga-Übung ist, die Funktion des Bewußtseins, das Gewahrsein, bei seiner Selbstausbildung so zu unterstützen, daß ein unmittelbares, ungeteiltes und ursprungsgetreues Innesein der gesamten Seinswirklichkeit möglich ist, sowohl im formlosen als auch im gestalteten Zustand. Das ist die Einheit von absolutem und relativem Sein. Dabei wird die kosmische Schöpferkraft bewußt als die Einigerin alles Unterschiedlichen und Einzelnen zu einem ungeteilten Ganzen. Diese Kraft kann entweder als Liebe oder höchste Erkenntnis bezeichnet werden. Es geht also um die transrationale, spirituelle Bewußtheit eines Verbunden-Seins mit dem Ursprung, die durch sogenannte Transzendenzerfahrungen zustande kommt. Das aber ist die nichtorganisierte, spontane Religion im Sinne einer unmittelbaren Gläubigkeit (lat.: *religare* = anbinden, zurückbinden, verbinden). Die Unbegrenztheit muß bewußt geworden sein, bevor sie auch im Begrenzten als Wirklichkeit erlebt werden kann. Schon immer wurde das Fehlen einer Verbindung mit der Seinswirklichkeit als die Ursache von Unfrieden, Unheil, Leiden, Übel, Sünde und Bösem angesehen.

Aufgabe des Yoga ist also, den Bewußtseinsschwerpunkt vom vergänglichen Dasein auf das Unvergänglich-Sein zu verlagern, um aus der geistigen Verwurzelung heraus mit dem Ursprung human-gemäß eins sein zu können. Fast alle Yoga-Weisen stimmen darin überein, daß das Übungsziel keinem Selbstzweck dienen soll, sondern vielmehr dazu, den Menschen zu einem möglichst vollendeten Ausdruck, Teilhaber, Inhaber oder Organ des göttlichen Willens werden zu lassen und sich mit diesem eins zu wissen. Für den angestrebten Bewußtseinszustand ist es unerheblich, ob dessen Entbindung einem schöpferischen Geist zugeschrieben wird, der in der ‹Materie› der menschlichen Zellen als Intelligenz anwesend ist oder sich von ‹oben› als das Göttliche in diese einsenkt. In einer ganzheitlichen Wirklichkeitsschau entfällt der gedankliche Versuch, den universalen Geist und seine Wirksamkeit raum-zeitlich zu begrenzen. «Der Wind bläst, wo er will, und du hörest sein Sausen wohl, aber du weißt nicht, woher er kommt und wohin er fährt. Also ist ein jeglicher, der aus dem Geist geboren ist». (Joh. 3.8).

Yoga ist eines der sechs Systeme indischer Philosophie und der Disziplin der praktischen Erfahrung gewidmet. Es gliedert sich in acht Aspekte eines organischen Ganzen, von denen sich nur eines auf das bezieht, was im Westen für (Hatha=) Yoga gehalten wird. Die wirklich maßgeblichen Elemente sind die Meditation und das Versunkenheitsbewußtsein. Der Vollständigkeit halber seien aber alle aufgezählt:

ANSTAND In der Beschreibung der
(Yama = Verwalter) Yoga-Gesamtheit steht am
Anfang die moralische Ordnung als der Selbstausdruck des Seins (= Wahrheit) durch das menschliche Wesen. Als wichtige Komponenten werden genannt:

WAHRHAFTIGKEIT Das ordnungsgemäße Verhalten des Menschen setzt
(Satya) die Wahrhaftigkeit gegenüber seiner gottgegebenen Verfassung voraus, nämlich nicht als Urheber, sondern als dessen dienendes Werkzeug geschaffen zu sein. (Idg.: *uer-* = Gunst, Freundlichkeit erweisen, vertrauenswert sein. Ahd.: *Wara* = Treue, Vertrag) In der Praxis bedeutet das Treue und Folgsamkeit (= Gehorsam) gegenüber der Gesetzmäßigkeit der Natur oder dem Organisationswillen der Schöpfermacht (vgl. «Halte die Gebote» – «Dein Wille geschehe»). Wahr-Sein ist Selbst-Sein oder Freisein von Zu-‹Taten›, die das wahre Wesen verhüllen und verfälschen. Zum Freisein von Attributen und Abhängigkeiten gehört auch der Gleichmut gegenüber Lob und Tadel oder Erfolg und Mißerfolg. (vgl.: «... die Wahrheit wird euch frei machen.» Joh. 8,32).

GEWALTVERZICHT Wer zum Werkzeug Gottes
(Ahisma) geworden ist, kann weder sich selbst, geschweige denn den anderen, das Tier oder die Natur schädigen noch überhaupt dem Leben Gewalt antun. Er ist nicht mehr in der Lage, ‹gegen› jemand oder etwas zu sein, er kann nicht mehr verurteilen, unterdrücken, ausbeuten und vorherrschen (vgl.: «du sollst nicht töten»! 2. Mos. 20). Der Gewaltverzicht ist die Grundlage für das Folgen und die dienende Lebenshaltung. Die Macht der Gewaltlosigkeit in der Politik hat Gandhi beispielhaft gelebt.

NICHT-STEHLEN Wem das Selbst zu einer
(Asteya – Freisein von Habsucht) erlebten Wirklichkeit geworden ist, der kann ihm nicht mehr die Freiheit dadurch stehlen, daß er seinen Sinn vom Habhaften fesseln läßt. Er kann aber auch anderen die Freiheit des Selbstseins durch Zwang und Einflußnahme nicht mehr rauben. Asteya also ist grundlegendes ‹Nicht-Anhaften›. (vgl. «du sollst nicht stehlen; verkaufe deine Habe»! 2. Mos 20,15; Matth. 19,21).

KEUSCHHEITSGEBOT Der Yoga-Bewußte steht
(Brahmacharya = Schüler des nicht mehr unter dem
Höchsten, der diesem seine Zwang des Verlangens nach
ganze Aufmerksamkeit schenkt) Triebbefriedigung und Genußerlebnis (vgl.: «du sollst nicht begehren»! Matth. 5.28). Als solchermaßen Bewußter ist er unwillkürlich keusch (lat.: *cons-*

cius = mitwissend, eingeweiht, bewußt). Im Zustand völligen Wissens (= ganze Bewußtheit, reines Gewissen, fraglose Gewißheit) herrschen die Fülle und das Glück, weil es nichts mehr zu begehren gibt. Das Ende des Wünschens oder auch das unwillkürliche Nichtverfolgen etwa auftauchender Wunschziele kann in meditativen Zuständen zwanglos erlebt werden. Im Laufe der Zeit verlieren Begehren und Wünschen auch außerhalb der Meditation immer mehr ihren nötigenden Einfluß auf das menschliche Verhalten.

In den Weltreligionen galt die Triebenergie als das Haupthindernis für den Aufstieg zur ‹höheren›, geistig-religiösen Stufe des Menschseins, weil sie den Sinn an die ‹böse›, animalische ‹niedrige› Stufe fesselte. Der Sucher sollte seine Energie dem ‹Niederen› entziehen und dem ‹Höheren› zuführen. Das moralische Verständnis des Keuschheitsgebotes beruht auf einem dualistischen oder teilenden Denken, das der ganzheitlichen Spiritualität des Yoga (= Einheit) nicht gemäß ist. Der Zwang der Kontrolle erzeugt Negativität, weil er den Sinn gegen etwas richtet und ihn dadurch gerade an das bindet, was verboten ist. Keuschheit ist ein ganzheitlicher Bewußtseinszustand, der frei vom ‹Anhaften›, d. h. frei vom beherrschenden Einfluß der Bindung an das Sinnenhafte ist. Hier gibt es nur die ungeteilte Wirklichkeit, in der ein ‹Gegen› oder ein ‹Ausklammern› naturwidrig wäre (vgl.: «Liebet eure Feinde»! Matth. 5.44). Hier ist die ‹Libido› als Sexualität (Freud) oder als psychische Energie (Jung) oder als göttlicher Eros eine in die Ganzheit eingeordnete, nicht aber verleugnete Eigenschaft des Schöpferischen. Das spirituelle Keuschheitsgebot bezieht sich auf das Nicht-Wollen, Nicht-Machen, Nicht-Besitzen und Nicht-Festhalten von Gegenständen als das Ur-Prinzip der Yoga-Praxis.

GESCHENK-VERZICHT (Aparigrata) Der von Gott begabte Mensch ist so reich, daß ihn die Annahme von Geschenk-Gegenständen verarmen ließe. Durch Geschenkverzicht erhält er sich die Freiheit. Er bleibt frei vom Einfluß des Habens und dem Zwang zur Dankespflicht. Auch hier geht es um das ‹Nicht-Anhaften› am Vergänglichen.

Yoga zielt darauf ab, das Vergänglichkeitsbewußtsein des Menschen auf das der Unvergänglichkeit (= Seligkeit) auszuweiten oder ‹umzukehren›, damit das Selbst uneingeschränkt seiner geistigen Natur gemäß ‹human› sein kann. Das Wirklichkeitserleben wird davon bestimmt, ob das Unwandelbare im Wandelbaren als die eigentliche und ganze Wirklichkeit erfahren wird. Das aber ist für das Selbstverständnis oder das Identitätsbewußtsein des Menschen von entscheidender Bedeutung. Das ‹Nicht-Anhaften› kennzeichnet den geistigen Freiheitszustand eines Menschen, dessen Lebensempfinden nicht vom Vorübergehenden bestimmt wird, sondern im ewigen Sein ruht. Offen mag die Frage bleiben, ob und inwieweit ein leibhaftiger Mensch von der Realität seiner Körperlichkeit und ihren Zwängen gänzlich frei werden kann. Selbst große Yogis konnten in Not und Verzweiflung geraten, wenn ihr geliebter Meister starb. Auch Jesus fiel es während seines Gangs zur Richtstätte schwer, sich von der ‹Welt›, dem Leben und seinem Missionsauftrag zu lösen sowie dem Willen Gottes anheimzugeben.

FÜNF LEBENSREGELN (Niyama) Sie zielen auf ein leib-seelisches Wohlsein ab. Höchster Regler ist die schöpferische Ordnungsinstanz. Wird ihr vorrangig die Achtsamkeit geschenkt, dann sorgt sie für alles weitere. Es kommt dann ohne Willenszwang zu einer Selbstreinigung (Shaucha), zum inneren Frieden (Santosha), zur natürlichen Schlichtheit (Tapas), zum Interesse am Studium spiritueller Schriften (Svadhaya) und einer vertrauensvollen Anheimgabe an Gott (Ishvara-pranidhana). Diese Selbstregulierung kann durch Vertrauen unterstützt oder durch Eigenmächtigkeit oder Selbstherrlichkeit gestört werden. Die Ordnung meditativer Stille macht sich als optimales Wohlsein bemerkbar.

KÖRPERÜBUNGEN (Asana) Der dritte Aspekt des Yoga bezieht sich auf die Leiblichkeit. Der rhythmische Wechsel von Körper-Stellungen, von Strecken und Dehnen, von Spannung und Entspannung oder von Stille und Bewegtheit ist von einer beachtlichen Wirkung, die den Zustand des Bewußtseins beeinflußt. Es heißt, daß die Positionen ursprünglich unwillkürlich aus der Stille hervorgegangen sind, ebenso wie die sakralen Tanzbewegungen. Die Stille wirkt sich dann absichtslos leibhaftig als Harmonie des Unterschiedlichen aus. Der Versuch, durch Willensanstrengung den Naturzustand herzustellen, soll langwierig und schwer sein. Zu Recht wird daher der zwanglosen Übung der höchste Harmonisierungseffekt zugesprochen. Das Hauptgebot des Gewaltverzichts gilt auch hier. Diese einzigartigen indischen Yogaübungen haben nirgendwo ihresgleichen.

ATEM Die weitere Yoga-Kompo-
(Pranayama) nente ist dem Atem (Sanskrit: *atman* = Hauch, Seele, Selbst) gewidmet. Der Atem verbindet das begrenzte, körperliche Sein mit dem Unbegrenzten. Er reguliert sich mit zunehmender Stille (= Ordnung) auffällig von selbst. Er kann aber auch willentlich bis zur sehr nahen Grenze des Machbaren ‹gehandhabt› werden. Wer seinen Atem genügend lang anhalten kann, wird ohnmächtig. Dann aber geht der Atem ganz natürlich weiter. Der Grund-Satz der Gewaltlosigkeit ist ein maßgebliches Kriterium für den Wert der Atemübung.

ZURÜCKZIEHUNG DER Je nachdem, ob es vorsätz-
SINNE VON DEN REIZEN lich-gewaltsam oder gewalt-
DER AUSSENWELT los-unwillkürlich geschieht,
(Pratyahara) hat die Zurückziehung eine verkrampfende oder lösende Wirkung. Das Schließen der Augen ist ein Beispiel für die zwanglose Umkehr der Aufmerksamkeit von außen nach innen und das gewaltlose Zurückziehen der Sinne von den aktivierenden Außenreizen. Diese Übung erleichtert die innere Sammlung beim Wesentlichen. Die Langzeitwirkung aber ist nicht die Ausschließlichkeit, sondern die Fähigkeit, alles in der Wirklichkeit Vorkommende einzubeziehen und im Bewußtsein als Zusammengehöriges zu integrieren. Wie sonst sollte es jemals zum Wirklichkeitsbewußtsein der Einheit kommen?

KONZENTRATION Der durch die Aktivitätsab-
(Dharana) nahme subtil (= zart, fein) gewordene Geist schwingt sich auf eine Ebene der Ruhe ein und geht über in eine zwanglose Achtsamkeit (franz.: *concentrer* = in einem Mittelpunkt vereinigen; griech.: *centron* = Stachel, Spitze, die sich im Zentrum eines Kreises befindet). In der Praxis ist es schwer möglich, den einzelnen Buchstaben, Gedanken, Ton oder sonstigen Sinnesreiz so aus seinem dazugehörigen Umfeld zu lösen, daß er als das Alleinige wahr-

genommen werden kann. Im gewaltlosen Yoga ist Konzentration ein entspannter, nicht aber angestrengter Zustand. Er kommt durch ein Zulassen, nicht aber durch ein Wollen zustande. Das Wohlgefühl der Ruhe zieht den Geist unwillkürlich in die Konzentration, ebenso wie das Ohr dem Wohllaut der Musik folgt. Dabei wird der Geist von den Reizen der Gedanken und Sinneswelt nicht mehr beunruhigt. Dieser Bereitschaftszustand geht fließend über in den der meditativen Achtsamkeit. Die spirituelle Konzentration besteht aus der Empfänglichkeit eines für das Universale (lat.: *unus* = eins; *vertere* = hinwenden) geöffneten Bewußtseins. Das höchste Zentrum oder die alleinigende Befehlszentrale ist der göttliche Schöpfergeist.

MEDITATION (Dhyana) In der Aufzählung der Yoga-Glieder stehen *Dhyana* und *Samadhi* am Ende, gehören aber eigentlich als Hauptsache an den Anfang. Gliedmaßen ohne Haupt funktionieren nicht. Der im Yoga gebotene Gewaltverzicht rückt das Vonselbst-Geschehen an den Anfang. Auf einem am spirituellen Prinzip oder ‹Primat des Höchsten› orientierten Yoga-Weg setzt das Wichtigste, die allein bewirkende Kraft, bereits am Start, nicht erst am Ziel ein. *Dhyna* geht auf die Bedeutung von denken, betrachten, nachsinnen zurück, worunter ursprünglich ein sich bis zur Gegenstandslosigkeit ‹vertiefendes› Denken verstanden wurde. Andernfalls wäre der Übergang in den Samadhi, als der Hauptsache des Yogapfades, nicht möglich.

BILDLOS-UNBEGRENZTE WESENSSCHAU (Samadhi) In der Stille des reinen Gewahrseins ist es zur Einheit im transzendentalen Yoga-Bewußtsein gekommen (Sanskrit: *sam* = samt, gesamt, zusammen, vollendet; *dha* = setzen, fügen oder *dhi* = zwei. vgl.: *unio mystica* = geheimnisvolle Vereinigung der Seele mit Gott, als das Ziel der bewußten Gottunmittelbarkeit in der Mystik). Die Transzendenz selber ist ein erfahrungsloses Inne-Sein. Aufgrund seines spontanen Unterscheidungsvermögens ist das Bewußtsein in der Lage, das ‹Vorher› und ‹Nachher› mit dem dazwischen befindlichen ‹grundlosen Grund› (Laotse) des transzendentalen Seins nicht zu verwechseln.

Die transzendentalen Augenblicks-Pausen zwischen den

Gedanken-Wellen während der Meditation können sich im Laufe der Zeit verlängern und schließlich zu einem beständigen Grundzustand des Bewußtseins im Alltag werden, aus dem die Aktivitätsstadien des Schlafens, Träumens und Wachens hervorgehen. Das Empfinden der Ruhe, Ordnung, Liebe, Freude, von Glück oder Gott-Innigkeit behauptet sich dann unabhängig vom Auf und Ab oder Nebenher der Lebenseinflüsse. Daraus entsteht eine Art zweistöckiger oder doppelter Bewußtseinszustand, der allmählich in die Erkenntnis der Zusammengehörigkeit oder der Einheit des Verschiedenen übergehen kann. Indische Philosophen haben in komplizierten Lehren den *Samadhi* – und im Zusammenhang damit das *Nirvana* (Sanskrit: = *Verlöschen,* d. h. Aufhören der durch die materielle Sinnesverhaftung genährten Unruhe, das Ende der diskursiven Gedankenherrschaft oder das Fehlen von Grenzen) – in deren verschiedenen Qualitäten ausführlich behandelt. Die Verschiedenheit erklärt sich nicht nur aus dem keineswegs einheitlichen Erkenntnisstand der Interpreten, sondern auch aus deren durchaus individuellen Schulungswegen. Für unsere Zwecke ist nur die Kenntnis wichtig, daß es sich um einen natürlichen Ursprungszustand handelt.

Reine Bewußtheit ist ein Zustand, in dem das Gewahrsein das Fehlen von Inhalten, Reizen und Bewegungen bemerkt. Das setzt voraus, daß es eine Aufmerksamkeit ohne Gegenstand und Grenze gibt, aber auch ein ununterbrochenes Fundamental-Bewußtsein, allerdings mit wechselnder Wahrnehmungsfähigkeit. Für westliche Denkgewohnheiten ist es dennoch schwierig, so etwas für möglich zu halten, denn nach dem allgemeinen Verständnis gibt es ein Bewußtsein nur in Verbindung mit dem begrifflichen Denken und beigebrachtem oder eingelerntem Wissen.

Wenn Bewußtsein und Selbst ein und dasselbe sind, wird im Augenblick reinen Gewahrseins das Selbst seiner selbst inne. Diese Art einer Selbstverwirklichung ist grundverschieden von der im Westen verstandenen. Dennoch ist die Wirklichkeit auch in der abendländischen Spiritualität erkannt. Rudolf Steiner hat diese Pause wie folgt beschrieben:

> «Man denke sich nun: die Seele könnte während des Schlafes zu einer Bewußtheit kommen, trotzdem die Eindrücke der Sinne, wie sonst im tiefen Schlafe, ausgeschaltet bleiben, ja, es würde auch die Erinnerung an die Tageserlebnisse nicht vor-

handen sein. Dann befände sich die Seele in bezug auf die gewöhnliche Außenwelt wie im Schlafe und doch schliefe sie nicht, sondern wäre im Wachen einer wirklichen Welt gegenüber. Nun kann ein solcher Bewußtseinszustand hergestellt werden»....[16]

Auch in der Bergpredigt wird vom ‹reinen Herzen› und ‹geistlich armen› Bewußtsein gesprochen.

Sowohl der östliche als auch der westliche Mensch nimmt die gleiche Veränderung seines Bewußtseins wahr, unabhängig vom Alter, seiner Kultur und der Verschiedenheit seiner Lebensgewohnheiten, sobald er sich in die Stille einläßt. Mit dem Ende der Gegenständlichkeit hört die Identifizierung mit dem Bedingten in Gestalt von allen möglichen Attributen auf. Wir Menschen sind nicht die Summe alles Beigebrachten, Erworbenen, Geleisteten, auch nicht das Ergebnis von Ansehen, Lob und Anerkennung. Sobald wir Glaubens- und Parteizugehörigkeit, Beruf und Stellung oder Alter und Besitz oder alles vergessen haben, wovon wir nur im Wachzustand überzeugt sind, bleibt nur eine von Überflüssigem freie, gänzlich undefinierbare Selbst- und Seinsbewußtheit übrig: «ich bin, ich lebe». Dabei handelt es sich um eine fraglose Wirklichkeit, die eines wissenschaftlichen Beweises mittels beliebiger Wiederholbarkeit nicht bedarf, um absolut glaubwürdig zu sein.

Seines Selbst-Seins ist sich jeder wache Mensch gewiß, doch mit Hilfe der Versenkung kann sich dieses undefinierbare Gewiß-sein bis zur dauerhaften und klaren Selbst-Bewußtheit verstärken. Weil diese letztlich allesumfassend ist, wird das formal ‹Andere› im eigenen Selbstwert als Ein- und Dasselbe, als Einheit erlebt. Wo aber befände sich das vermeintlich Andere, das es dann noch zu wünschen oder zu befürchten gäbe? Die Mystiker sprechen in diesem Fall von einem andauernden Innesein Gottes, das gleichbedeutend mit einem «immerwährenden Herzensgebet» sein könnte, im Sinn einer Anbetung Gottes «im Geist und in der Wahrheit» (Joh. 4–24).

Die von den dualistischen Religionslehren gebotene Anrufung und Anbetung Gottes geht von einem Gegenüber oder einer Abwesenheit aus. Im Zustand der Einheit kommt ein derartiger Gedanke nicht auf. Johannes Müller sagte, daß er nicht an Gott als etwas anderes denken könne, wenn er mit ganzer Seele bei der Sache wäre, denn Gott sei ja in allem gegenwärtig.

> «Der Mensch soll sich nicht genügen lassen mit einem gedachten Gott; denn wenn der Gedanke vergeht, vergeht auch Gott. Man soll vielmehr einen wesenhaften Gott haben, der weit erhaben ist über die Gedanken der Menschen».
> Meister Eckhart, Reden der Unterweisung 6

Die Bekundungen der Einheit setzen nicht nur deren Vorhandensein, sondern auch die Möglichkeit voraus, jenseits der Mentalität der fraglichen Seins-Wirklichkeit inne zu sein.

Seitdem sich die Fähigkeit zur freien Willensbetätigung entwickelt hat, ist der Mensch seiner vegetativ-animalen Grundstufe entwachsen und in die nächsthöhere des vorsätzlich-sittlichen Strebens eingetreten. Der Wille konnte absichtlich eingesetzt werden, um den Werdeprozeß zu beeinflussen. Daraus ist ein Zwiespalt insofern entstanden, als der moralische Ichwille energetisch zwar zur Gesamtenergie des Evolutionsgeschehens gehört, aber wegen des fortbestehenden Defizits an Selbst-Kenntnis sich als ein vermeintlich autonomer Privatunternehmer betätigte. Ob und inwieweit die Wesensentfaltung und Bewußtseinsentwicklung seitens des Menschen in die eigene Hand genommen werden kann oder sogar muß, darüber gehen die Überzeugungen noch immer auseinander. So ist es nicht verwunderlich, daß auf dem geistigen Übungsweg bis auf den heutigen Tag zwei Grundformen überliefert worden sind: die gegenständliche Meditation und die gegenstandslose. Erstere beruht auf einer konzentrativen Vorsatzbildung, die durch willentliches Bemühen ein bestimmtes Ideal zu verwirklichen sucht, während die letztere aus einem absichtslosen – also zielfreien – Zulassen dessen besteht, was sich ohne Zu-Tun von selbst tut unter der neutralen Auf-Sicht des Geistes.

Die gegenständliche Meditation schränkt zunächst den Geist auf das Konzentrat ein, das es festzuhalten gilt. Das gegenstandslose Verfahren gewährt dem Geist die volle Freiheit und deshalb gilt grundsätzlich das Loslassen. Ist einmal alles ‹Feste› und Habhafte transzendiert, dann verliert der Ichwille seine Begrenztheit und wird beschaffenheitsgleich mit dem universalen Schöpferwillen. Dann ist der Mensch nach der mystischen Auffassung bewußtseinsmäßig «vollkommen wie der Vater im Himmel vollkommen ist»! (Matth. 5.48). Das Selbst ist seiner selbst bewußt, nicht aber als eines Objektes, sondern ‹seiner› unbegrenzten All-Einheit.

Die Vertreter der auf Konzentration, Imagination, Autosuggestion, Kontrolle, Gedankenabwehr und Zielstreben beruhenden Methoden führen an, daß der heutige Mensch noch so dem gegenständlichen Denken verhaftet ist, daß er eines gedanklichen An-Halts nicht entbehren kann. Wir haben außerdem zu bedenken, daß die Überlieferung des Erfahrungsgutes in den Händen von religiösen Lehrern lag, die an konkreten Glaubensinhalten und personifizierten Gottesvorstellungen festhielten. Für sie war das Gegenüber als ein Zweites unverzichtbar. Sie räumten allerdings dem ausdauernden, disziplinierten und willensstarken Sucher die Chance ein, durch energische Konzentrationen einmal die Grenzen des Gegenstandes zu überschreiten und dessen geistiger Seinseigenschaft innezuwerden, so wie es von Rama Krishna oder Teilhard de Chardin als das Ergebnis eines langen und entsagungsvollen Bemühens bezeugt worden ist.

Wir dürfen allerdings nicht übersehen, daß der berufstätige Alltagsmensch in der Regel nicht die Zeit und Durchhaltekraft verfügbar hat, die für ein so intensives Dauerprogramm aufgebracht werden müßten. Außerdem sollte die für einen Geistlichen angebrachte Weise zu meditieren nicht verallgemeinert werden. Das könnte sonst bei den Ausübenden zu Überanstrengung, gesundheitlichen Störungen, Übersensibilität, Lebensschwäche, Weltferne, aber auch zur Verantwortungslosigkeit oder Selbstherrlichkeit führen. Das gilt besonders dann, wenn kein geeigneter Meister als Helfer und Begleiter ständig zur Verfügung steht.

In diesem Zusammenhang ist es ratsam, grundsätzlich zwischen der Meditations-*Übung* als eines konsequent-methodischen Willensstrebens nach einer höheren Bewußtseinsqualität zu unterscheiden und dem verwirklichten Meditations-*Zustand* als eines dauerhaften Voll-Gewahr-Seins. Wird das Letztere als eine potentielle Fähigkeit des Bewußtseins an-erkannt, dann liegt ein etwaiges Vorstellungsziel nicht in der Zukunft, sondern im ewigen Augenblick. Unsere Schwerpunktbildung bei der gegenstandslosen Meditation ist begründet. Es gibt über die gegenständlichen Verfahren eine große Zahl von Publikationen und Informationen im Gegensatz zu den ungegenständlichen. Die Behandlung des Themas ‹Heimkehr zum Ursprung› bedingt die Orientierung am schöpferischen Prinzip oder am Primat des Höchsten. Das aber erfordert den Verzicht auf Eigenmächtigkeit, Gewaltanwendung, Gegnerschaft oder Widerstand gegen Gedanken.

Andernfalls ist die Unvoreingenommenheit als Voraussetzung der Empfangsbereitschaft für die schöpferischen Leitsignale und die ge-horchende Nachfolgeschaft gefährdet. Der vorlaute Ichwille muß schweigen, damit die imperativen Impulse oder Eindrücke vernommen und in die Tat umgesetzt werden können.

Sri Aurobindo, der Begründer des ‹Integralen (ganzheitlichen) Yoga›, sagte:

> «Zu einer größeren Vollendung kann man nur dadurch gelangen, daß eine höhere Macht hereintritt, und das gesamte Handeln des Menschen in die Hand nimmt. Die zweite Stufe des Yoga besteht darin, alles Handeln der Natur beharrlich in die Hände dieser größeren Macht zu legen, ihren Einfluß, ihre Besitzergreifung und ihr Wirken an die Steller der persönlichen Anstrengung treten zu lassen, bis Gott, zu dem wir streben, der direkte Herr des Yoga und selbst die gesamte geistige und ideelle Wandlung unseres Seins bewirkt».[17]

Die Heimkehr zum Ursprung ist nur auf eine Weise möglich, die selber ursprünglich, also mental unverfälscht ist. Deshalb muß der wahre Geist vom Ende einer Kausalkette zu deren Anfang gelangen, und das ist nur durch die selbsttätige Abnahme oder Absenkung der psychischen und physischen Aktivitäten möglich. Zurecht wird deshalb von ‹Versenkung› gesprochen. Für eine gegenstandslose Meditation wäre diese Bezeichnung weniger widersprüchlich. Nach dem Brockhauslexikon ist die Versenkung ein hochmeditativer Zustand, der mit ‹Dhyana› und ‹Samadhi› verglichen wird. Er ist durch innigste Berührung mit dem Göttlichen als Person oder einer höchsten Wahrheit gekennzeichnet.

> «Wo gegenstandslose Meditation gelingt, vollzieht sie sich nicht mehr als Bemühung des seinen Willen einsetzenden Ichs. Sie vollzieht sich vielmehr als mühelose Eigenbewegung der uns immanenten transzendenten Dimension. Gegenstandsloses Bewußtsein öffnet den Menschen für die Stille des Seins. Die Stille des Seins erfährt der Mensch, wenn er im Einklang ist mit seinem Wesen. Und wo er im Einklang ist mit seinem Wesen, erfährt er die Stille.
>
> Nur in der Haltung dessen, der im gegenstandslosen, wahrhaft inständlichen Bewußtsein ist, wird dem Menschen die Gnade bewußt, die nicht mehr das ihn gleichsam von außen treffende Wunder ist, das Mirakel. Im vollendeten Zustand seines inständlichen Bewußtseins erlebt er als Gnade den, der er selbst in seinem Wesen ist – als Präsenz, Bestimmung und

Verheißung. Eben das ist der Sinn gegenstandsloser Meditation. Sie öffnet den Menschen der in ihn eingebrochenen Gnade: Weg, Wahrheit und Leben».[18]

Karlfried Graf Dürckheim

Der Verzicht auf Gewalttätigkeit und Eigenmächtigkeit leitet das Ende einer Gegnerschaft und des Dualismus ein. Die Versöhnung des Verschiedenen vollzieht sich in der Stille automatisch ohne jegliches Zutun. Der in sonstigen Meditationen gebotene Widerstand gegen ‹störende› und ‹abwegige› Gedanken entfällt in dem Maß von selbst, als durch die naturhafte Absenkung der Aktivität konkrete Gedankeninhalte gegenstandslos werden. Das ‹Störende› entsteht dadurch, daß dem Reiz Beachtung geschenkt und dem natürlichen Geschehen Widerstand geleistet wird. Warum sollten wir den tätigen Strom der Gedanken unterbinden, die Aktivität des Herzens, der Atmung und des Stoffwechsels aber nicht? Das Problem entsteht nur durch das urteilende Aussortieren von Aspekten der Wirklichkeit, statt ihrer als einer Gesamtheit gewahr zu sein und die Aufmerksamkeit dem ursprünglichen Geschehen – dem ‹Höchsten› – zu schenken. Den Christen ist geboten, vorrangig nach dem Reich Gottes zu trachten.

Auf den ersten Blick scheint ein Widerspruch zu bestehen zwischen dem Prinzip der schöpferischen Selbstorganisation oder der primären Entwicklungskraft einer höheren Ordnungsinstanz und dem, was wir unter Üben verstehen. Bedenken wir aber, daß die wachstümliche Selbstausbildung von angeborenen Anlagen mit Einüben und Ausüben unzertrennlich zusammenhängt (stehen, laufen, sprechen, singen, lesen, schreiben u. dgl.), dann gibt es ein Bemühen als Ausdruck der natürlichen Werde- und Bildekraft. Diese wirkt durchaus auch im moralischen Streben eines individualisierten Willens, unterliegt aber wegen dessen Begrenztheit einer hohen Fehlerquote.

> «Wenn es darum geht, seelisch wieder ins Gleichgewicht und körperlich in Ordnung zu kommen als Voraussetzung für ein ungestörtes Bewußtsein, dann müssen Kampf und Krampf vermieden werden. Dies kann nur erreicht werden durch eine entspannte, heitere, beseligende Gemüts- und Körperverfassung, nicht aber durch Selbstquälerei, künstliche Abschreckungsmethoden oder durch Vergewaltigung des Körpers und Geistes vermittels künstlicher Atemgymnastik und krampfhaften Bemühens, den Geist an vorgefaßte Ideen zu fesseln».[19]

Lama Anagarika Govinda

Das vermeintlich Schwere des geistigen Weges ist eigentlich nur die zwanghafte Auflehnung des Ichs gegen das Natürliche und Einfache, die in den Konflikt führt. Es darf nicht vergessen werden, daß das Ich aus Selbsterhaltungstrieb an Problemen und Schwierigkeiten interessiert ist, weil diese dem Ich oft erst sein Gewicht und seine Bedeutung auch in den Augen anderer verleihen. Das dualistische Ich bedarf immer einer Selbstbestätigung durch etwas, was es nicht ist. Die zentrale Lehre der gegenstandslosen tibetischen *Mahamudra*-Meditation enthält zwei Grundanweisungen: Entspannung und Mühelosigkeit. Sie werden als Voraussetzung der körperlich-seelischen Entkrampfung und geistigen Befreiung vom ‹Anhaften› angesehen. Es heißt, daß erst dann das Selbst aufleben kann. Die Meditationstechnik beruht auf dem ‹Nicht-Mühen›, ‹Nicht-Anstrengen› oder ‹Nicht-Tun›. Allerdings wird auch von einem beschwerlichen Anmarschweg gesprochen.

Wer mit geschlossenen Augen sitzend oder liegend ruht, entspannt sich. Dabei werden psychische und physische Energien frei, die im System blockiert waren. Ähnlich wie beim Träumen, gehört es auch bei der Versenkung dazu, daß sich der Organismus seiner Ballaststoffe zu entledigen sucht. Das macht sich fallweise sogar durch eine Verstärkung des Gedankenflusses bemerkbar. Die Übung besteht nun darin, diesen Aktivitäten keine Aufmerksamkeit zu schenken und vor allem keinen Widerstand zu leisten. Solange der Geist an die Inhalte gebunden bleibt, vermag er nicht zur Ruhe zu kommen. Deshalb wird in der gegenstandslosen Meditation zwanglos eine Alternative zuhilfe genommen in Gestalt eines nur energetischen Schwingungsträgers, der ohne begrifflichen Sinngehalt ist und über den deshalb nicht ‹meditiert› werden kann. Das nämlich würde den Geist an das Begrenzte fesseln und seinen Weg in die Freiheit verlegen. Mit Rücksicht darauf ist die gegenstandslose Meditation nicht interessiert an der analytischen Aufarbeitung vergangener Erlebnisinhalte. Das Bemerkte bleibt ebenso zurück wie die Alleebäume bei einer Autofahrt. Der Weg ist wichtig, nicht das Abseits daneben.

Bei den Begleitern in die Stille handelt es sich um stillschweigend memorierte Klänge, Vokale, Töne und Mantras (= heilige Silbe) oder einfach das Bemerken der Atemzüge. Der Wechsel vom semantischen Aspekt eines Gedankens zum rein energetischen hat zur Folge, daß der Geist seiner angeborenen Neigung zur energiesparenden Ruhe leichter folgen kann. Dabei werden durch die Aktivitätsabnahme – wie bei kommunizierenden Röhren die Flüssigkeit – nicht nur die Inhalte, sondern auch die Schwingungsträger selbst augenblicksweise gegenstandslos. Und was sich dem Gewahrsinn in den Intervallen auftut, ist die Stille. Die Praxis der Gewaltlosigkeit und des Widerstandsverzichts bahnt den Weg in die Stille und beendet die Negativität: Streit, Kämpfen, Konflikt, Abgrenzung, Abwehr und Frustration. Wie könnte es sonst zur Harmonie des inneren Friedens kommen?

Die Gedankenaktivität als Lebenszeichen ist in der Meditation ebensowenig ein Hindernis wie die Atmung, der Herzschlag oder andere funktionelle Vorgänge. Wozu also aus dem gesamten Aktivitätsbündel ausgerechnet die Gedanken entfernen zu wollen? Es ist unmöglich, sich seiner Bindung an die Aktivität zu entledigen, aber es ist möglich, daß das Bewußtsein vom Einfluß dieses Gebundenseins frei wird. Auf diesen Unterschied muß immer wieder hingewiesen werden. In der gegenstandslosen Meditation lautet daher die Devise: nichts wollen, machen, bekämpfen, vernichten und vergewaltigen, sondern einwilligen, einordnen, gehorchen, geschehen- und werdenlassen: sei ohne Vorsatz, Erwartung und Eigenmächtigkeit. Sei einfach – ohne alle Zutaten. Wir erinnern an das über die Attributlosigkeit Gesagte. Es geht ja nicht um den Einsatz und die Wirkung der gelenkten Gedankenkraft, sondern um das Zulassen der ursprünglichen Bewußtseinsenergie selbst. Was dabei bemerkt wird, dient nicht dem inneren Zwiegespräch mit gewählten oder nichtgewählten Inhalten in Form von Menschen, Dingen, Symbolen, Texten, Ereignissen und Erinnerungen. Andernfalls wäre die Versuchung zu groß, eigenmächtig auszuwählen, zu löschen, zu erwarten, zu vergleichen, zu bewerten und zu begrenzen, d. h. für oder gegen etwas zu sein.

Der überzeitliche Zustand der Stille beinhaltet mit dem Vergessen auch das Vergeben des Vergangenen. Das ist die Gnade Gottes; denn wer sonst sollte der Vergebende und Verzeihende sein? Erst mit der Rückkehr des Ichgefühls beim Wiederansteigen der mentalen Aktivität tritt auch das indoktrinierte Schuld- und Elendsgefühl wieder auf. Die Stille wird mit dem Beginn des Analysierens, Urteilens und Manipulierens sogleich beendet. In der Stille wirkt die Wandlungskraft des Göttlichen, die den zielstrebenden, in seine persönlichen Probleme und Schuldgefühle verstrickten Menschen, aus seiner Ich-Verhaftung befreien kann. Die Erlösung zu ersehnen, heißt eigentlich, vom Göttlichen bereits ergriffen zu sein. Das wiederholte Taufbad in der Stille (taufen bedeutet ursprünglich ‹tiefmachen›) imprägniert den Täufling mit dem Sein und immunisiert ihn gegenüber den sogenannten Fremdeinflüssen.

Wenn aus der Stille Wandlungskräfte wirksam werden, dann muß die Stille der Lehrmeister oder der Zustand sein, in dem das eigentliche Lernen und Wissen beginnt. Schülersein bedeutet, das Besserwissen aufzugeben und durch einen Lehr-gang des Lebens zu wahrer Erkenntnis zu gelangen. Das erfordert aber regelmäßigen Schulbesuch (= Übung, Disziplin) und dauerhafte Achtsamkeit, um nicht sitzen zu bleiben.

Der innere Lehrer, der aus der Stille hervortritt, ist nicht das Ich, sondern das Selbst. Die ‹Religion› ist damit der Nerv aller spirituellen Übungswege. Wo er fehlt, endet der Weg alsbald in einer Sackgasse oder verläuft wie die Welle im Sand. Der höchsten Ordnungsmacht nachzufolgen, ist weder eine Willensleistung noch eine Mutprobe, sondern Folgsamkeit gegenüber einer unwiderstehlichen Anziehungskraft. Diese aber ist nicht ein äußerer Diktator, sondern der innere Meister, dem gefolgt wird. Ihn als das Göttliche erfahren zu lassen und entdecken zu helfen, ist die traditionelle Aufgabe aller wirklichen Lehrmeister.

Eine Übungsweise, die zu keinen neurophysiologischen Veränderungen führt, bleibt auch im geistigen Bereich wirkungslos. Nach dem Physiker und Nobelpreisträger J. Prigogine können sich durch eine Versenkung die Fluktuationen der Gehirnströme so verstärken, daß es zur Überschreitung einer kritischen Schwelle kommt. Dann entfaltet sich spontan ein höherer Bewußtseinszustand, in welchen die alten Gedankenmuster verschwinden und von einer umfassenden Wirklichkeitsschau ersetzt werden.[21]

Zwischen den Übungen der Meditation macht sich fallweise der Fortbestand oder das selbsttätige Aufkommen von meditativen Bewußtseinszuständen bemerkbar, die als ausgesprochen schöpferisch empfunden werden. Hier ist eine spontane Verbindung zwischen dem Denkbewußtsein an der Oberfläche und dem der intuitiven Tiefendimension zustande gekommen. Neurophysiologisch wird in diesem Fall von der Harmonie zwischen linker und rechter Gehirnhälfte (harmonische Ordnung) gesprochen, die anhand der Gehirnwellen-Muster meßtechnisch nachweisbar ist. Th. R. Bakelslee schreibt:

> «Wenn es gelänge, das ganze Gehirn (beide Gehirnhälften) zu benützen, stünde die Evolution schlechthin vor einer Wende».[22]

Ein Geübter vermag sich im Bedarfsfall auch außerhalb der Meditation durch Er-innerung in den Zustand innerer Stille sinken lassen, ohne daß dadurch die Außenwelt dem Bewußtsein entschwindet oder die Aktivität eingestellt werden muß. Das sind die Möglichkeiten während des Alltags, zur Gelassenheit, Ausgeglichenheit und Sammlung zu kommen.

Der Wandel durch die Stille ist sowohl aktiv als auch passiv zu verstehen. Er unterliegt dem Naturgesetz des Wechselrhythmus im Leben. Deshalb ist die Versenkung nur ein Aspekt. Der andere ist das Auftauchen zu schöpferischem Tun. Durch das Gewahrsein der Stille entsteht eine bewußte Direktverbindung mit dem Ursprung. Je durchlässiger diese geistige Bahn ist, desto mehr kreative Energie kann aufsteigen und sich im konstruktiven Handeln manifestieren.

FÜNFTES KAPITEL

Der Wandel
durch die Stille

Das vedische Erfahrungswissen über die spirituelle Selbstentfaltung ist in der Bhagavad-Gita (= des Erhabenen Gesang) – als ein Teil des indischen Nationalepos Mahabharata – zusammengefaßt worden. Maharishi Mahesh Yogi, der Begründer der ‹Transzendentalen Meditation› hat in seinem Kommentar die wichtigsten Aspekte hervorgehoben, die für den Wandel durch die Stille und das schöpferische Leben aus dem Ursprung maßgeblich sind.

Die Bhagavad-Gita ist das hohe Lied einer schöpferischen Wiederherstellung der großen Ordnung oder des göttlichen Friedens. Die Stätte des Geschehens ist das Feld einander widerstrebender Kräfte in der relativen Welt, die durch das Einbeziehen des absoluten, transzendentalen Elements miteinander harmonisiert werden. Der göttliche Wagenlenker Krishna verkörpert das Absolute, das auf den zunächst zwiespältigen Bogenschützen Arjuna übertragen wird und diesen dann zum bevollmächtigten Ausführungsorgan des höchsten Schicksalslenkers werden läßt. In Arjunas Bewußtsein vollzieht sich die Vermählung des Ewigen mit dem Vergänglichen zur göttlichen Ganzheit.

Die Bhagavad-Gita vermittelt das Wissen um die auch geistige Ursprungsverbindung durch eine Bewußtseinsvertiefung auf dem Weg des Sein-lassens.

«Erst dort, wo alle Bemühung um Bewußtwerdung aufhört, wird das Wesen wie von selbst erfahrenes Innesein. Doch ohne Erfahren der Grenze, an der die Bemühung scheitert, bleibt Wesen verborgen».[20]

Karlfried Graf Dürckheim

Auf dem Weg, den die Bhagavad-Gita aufzeigt, befindet sich das Ziel bereits am Start, weil schon ab hier und sofort das ‹Höchste› maßgeblicher Lenker ist. Das entspricht dem von Patanjali niedergelegten Yoga-Prinzip. ‹Dhyana› und ‹Samadhi› stehen wegen des Gewaltverzichts und der Gehorsamhaltung unversehens (wenn auch zunächst nur augenblicksweise und verschwommen) als Erlebniswert, Richtkraft und Zielgewißheit am Anfang und nicht, als aller Mühe Lohn, erst am Ende des Übens. Das aber ist die Frucht des ‹Nicht-tuns› oder des Gewinns durch Verlust. Die Bhagavad-Gita ist die Anleitung zum Handeln aus der Stille.

ABSAGE AN DIE EIGENMÄCHTIGKEIT

> Wer im Tun des Nicht-Tuns
> und im Nicht-tun des Tuns inne wird,
> ist ein Weiser, weil er in Verbindung beider
> in Vollendung handeln kann.   (Bhagavad-Gita IV, 18)

> Nicht durch (eigenmächtigen) Verzicht auf's Tun
> erreicht ein Mensch das Nicht-tun,
> auch verhilft ihm nicht allein
> Entsagung zur Vollkommenheit.   (Bhagavad-Gita III, 4)

> «Die schöpferische Selbstentfaltung kann durch keine besondere Bemühung oder Lebensweise wesentlich gefördert werden – keine Willensanstrengung, etwas zu tun oder nicht zu tun, keine Einrede des Anhaftens oder Nichtanhaftens führen weiter».[23]   *Maharishi Mahesh Yogi*

Weder Weltflucht noch Einsiedelei sind besonders förderlich. Die Meditation vermag nur günstige Voraussetzungen für die Stille zu schaffen, um die dem Selbst innewohnende schöpferische Entfaltungskraft besser wirksam werden zu lassen.

> Die Taten gehen stets hervor
> aus den Kräften der Natur.
> Wess Geist vom Ichgefühl besetzt,
> der wähnt sein Ich als Ursprung allen Tuns.
>   (Bhagavad-Gita III, 27)

> Selbst für Augenblicke, in der Tat,
> kann keiner frei von Tätigkeiten sein,
> denn unweigerlich dazu getrieben
> wird er von Kräften der Natur.   (Bhagavad-Gita III, 5)

Es geht im Grunde nicht um die naturwidrige Erlösung von der Aktivität, sondern um das Freiwerden des Geistes vom Einfluß seiner Bindung an das Begrenzte. Der Versuch durch Zurückziehung die Aktivität zu fliehen, schützt keineswegs vom ‹Anhaften› an ihr. In den nachfolgenden Zitaten wird dieser Gesichtspunkt noch deutlicher:

> Allein das Handeln kannst du lenken,
> doch niemals den Erfolg bestimmen.
> Leb' weder für's Ergebnis deines Tuns
> noch setze auf die Unterlassung.   (Bhagavad-Gita II, 47)

> Wer mit dem Göttlichen entzweit,
> getrieben von Verlangen
> am Erfolg des Handelns hängt,
> der ist gebunden. (Bhagavad-Gita V, 12)

> Wer frei vom Sinnesreiz des Gegenstands
> und obendrein vom Zwang zur Tat,
> wer alles Selberwollen aufgegeben,
> der wird am Yoga-Ziel gesehen. (Bhagavad-Gita VI, 10)

> Der Yogi (= der auf dem Übungsweg zur Einheit Befindliche)
> sammle stets allein
> sich in Zurückgezogenheit,
> sein Leib und Geist dem Höchsten untertan,
> nicht an Erfolg und Haben denkend. (Bhagavad-Gita VI, 10)

> Bei völligem Verzicht auf jegliches Verlangen,
> aus dem der Drang zur Tat entspringt,
> die Ströme schweifender Gedanken
> der Bewußtseins-Aufsicht unterstellt,
> laß in Geduld geschehen,
> daß schrittweise sich der Geist zurückzieht
> bis gefestigter er im Selbst,
> ohn' alles Vorsatzdenken ist. (Bhagavad-Gita IV, 25)

DAS SPIRITUELLE PRINZIP Das Problem, durch Tun zum Nicht-tun zu gelangen, kann allein von der höchsten Willensinstanz gelöst werden:

> Immer so gesammelt in sich selbst
> erreicht dem Einen zugewandter Sinn
> Frieden und Befreiung
> als das Höchste, das MIR innewohnt. (Bhagavad-Gita VI, 15).

Aus dem maßgeblichen Schlüsselsatz der Bhagavad-Gita geht hervor, wie durch einen gewaltlosen Ich-Verzicht der eigene Wille in den Strom des Allwillens einmündet und dessen Richtung folgt:

> Sei ohne die drei Gunas, Arjuna,
> befreit von Zweiheit und in Reinheit ewig fest,
> nicht an Besitz gebunden,
> allein dem Selbst gehörend. (Bhagavad-Gita II, 45).

Als Gunas werden die vorerwähnten Kräfte der Natur mit ihren spezifischen Tendenzen bezeichnet, die aus dem Ursprung selbsttätig hervorgehen und gesetzmäßig im Wechselrhythmus das Werden, Bestehen und Vergehen aller Erscheinungen bewirken. Weil diese Aktivität von selbst kommt und geht, braucht man sich nicht um sie zu kümmern: weder in Gestalt von Zustimmung noch von Widerstand. Auf diese Weise wird das eigenmächtige Ich arbeitslos und der Körper zu einem untertänigen Werkzeug. Ohne Zweiheit zu sein, heißt auch, sich jenseits von Grenzen zu befinden. Glaubensgegner grenzen sich voneinander ab, bauen Feindbilder auf und verteidigen ihr Territorium gegen Angriffe. Das entspricht dem sektiererischen Verhalten selbst großer Organisationen.

Wir finden in der Bhagavad-Gita (IV. Kapitel) eine Reihe von praktischen Hinweisen, die etwa folgendermaßen lauten: Man sollte sich in einen stillen Raum zurückziehen, um dort allein zu meditieren. Die Sorge vor Störungen oder vor dem Einfluß anderer Personen im Raum wäre ein Hindernis für eine Übung der Versenkung. Andernfalls käme es schwerlich zu einer Ruhe, in der das Bewußtsein von der Aktivität der Gedanken, Sinne und Körperfunktionen nicht mehr destabilisiert wird. Versenkung bedeutet, den Geist in das Selbst sinken zu lassen. Das könnte nicht geschehen, wenn er mit Kontrollmaßnahmen beschäftigt wäre. Nicht zuviel und nicht zu wenig essen und schlafen, heißt es weiter, nicht aber, daß eine bestimmte Diät erforderlich wäre. Mit der natürlichen Regeneration des Organismus verändern sich die Eßgewohnheiten von selbst in Richtung der individuell verschiedenen Bedürfnisse.

Die Meditation soll in einer angenehmen Umgebung und in einer bequemen Sitzposition auf einer festen Unterlage erfolgen, die mit einer Auflage versehen ist. Der westliche Mensch hat sich angewöhnt, auf Stühlen und nicht auf dem Boden zu sitzen. Wenn für ihn aber das Letztere bequemer ist, soll er es tun. Im Liegen neigt der Geist zum Dösen oder Schlafen, das von der Atmung bewegte Zwerchfell muß mehr Schubarbeit leisten, als im Sitzen. Im Stehen oder Gehen könnte die Aktivität nicht absinken. In einem solchen Zustand absichtslos-entspannter Gelassenheit wird der Mensch zu einem gehorsamen Werkzeug in der Hand des Höchsten. Dadurch wird er unwillkürlich aufgerichtet, ohne seine Körperhaltung oder den Atem vorsätzlich manipulieren zu müssen. Sein Blick unter den geschlossenen Augen zeigt auf die Nasenspitze (wo sich durch den Atem Begrenztes und Unbegrenztes mischen), ohne auf einen Fixpunkt zu starren. Das Augenschließen ist – insbesondere in Gegenwart von anderen – eine Einübung in das Vertrauen.

Das Bedürfnis nach bewußter Transzendenzerfahrung muß schon in alter Zeit aufgekommen sein, denn andernfalls hätten Übungstechniken nicht entwickelt werden müssen. Offenbar haben die praktizierten Methoden nicht zum ersehnten Erfolg geführt, sondern eher das Gegenteil bewirkt. Bekanntlich nehmen auch die Schwierigkeiten zu, natürlich einzuschlafen. Auch das soll mit ungeordneter Lebensweise zusammenhängen.

Im Kapitel über Meditation war von Begleitern in der Stille gesprochen worden. Zu ihnen zählen nicht nur die in der islamischen Sufi-Mystik (*sufi* = Wollkleidträger) eingesetzten, lautlos wiederholten Eigentonschwingungen, sondern auch der Umgang mit Mantras, die – im Gegensatz zu gerufenen Götternamen – keinen begrifflich faßbaren Sinngehalt aufweisen. Das Mantra wirkt als Sammler, Beruhiger und Ordner. Der Wortstamm *man* geht auf die Sanskritwurzel *manas* = denkender Geist zurück, die sich in Brahman, Atman, Atem, human und Mensch aufspüren läßt.

> «Wäre diese heilige Silbe mit irgendeiner begrifflichen Bedeutung identifiziert worden, hätte sie sich gänzlich einem einzigen oder ausschließlichen Ideal zugewandt, ohne die irrationale oder unberührbare Quelle ihres Kerns zu bewahren, so wäre sie niemals fähig gewesen, jenen überbewußten Geisteszustand zu symbolisieren, in dem alles individuelle Streben seine Synthese und seine Verwirklichung findet».[24]
> *Lama Anagarika Govinda*

Der zwanglose Umgang mit dem Mantra muß von einem qualifizierten Meditationslehrer gezeigt, eingeübt und auf seine korrekte Beherrschung überprüft werden. Das geschieht in wenigen Stunden der Unterweisung in die Praxis, so daß danach ein selbständiges Weiterüben unproblematisch ist. Die Bekanntschaft, Freundschaft und Vertrautheit mit dem inwendigen Meister und dessen Leitkraft bieten die Gewähr dafür. Die Kunst der Übung besteht im mühelosen, lässigen und unpräzisen Umgang mit dem Mantra, das bei abnehmender Wiederholungsaktivität von selbst immer verschwommener und dann letztlich gegenstandslos wird. Das Prinzip dabei ist nicht das Haben und Festhalten, sondern das Verlieren und Loslassen. Und die Notwendigkeit dazu ergibt sich daraus, daß der immer wieder durch auftretende Gedankenketten reaktivierte Geist zum ‹Nicht-tun› (Laotse) in die Stille getragen wird. Aus den rhythmisch unregelmäßigen und nicht manipulierbaren Intervallen erwächst die Vertrautheit mit dem transzendenten und zugleich inhärenten Ursprung.

Die Sorge, daß der Umgang mit einem ‹asiatischen› Klanggebilde für den Christengott gefährlich werden könnte, ist unbegründet. Die Benennung oder Personifizierung eines Gottes nach Art der Rosenkranzpraxis wäre in einer nicht gegenständlichen Meditation prinzipwidrig. Zudem muß darauf hingewiesen werden, daß die mantrischen Ur-Laute – gleich den sphärischen Klängen – vor den Gottheiten der Religionen da waren, denn wie sonst hätten diese mit Sanskritsilben oder hebräischen Lauten benannt werden können?

Durch das Wissen der alten Meister um die magische und durchdringende Kraft des Tons in Gestalt von Musik, Gesängen, Hymnen, Worten, Klangsilben und heiligen Namen konnten sie Tiefenbereiche des Bewußtseins der unmittelbaren Erfahrung erschließen, die dem Verstandesdenken nicht zugänglich waren. Den Meistern war auch die rhythmische Natur des Menschen bekannt, und so konnten sie den Rhythmus als wichtige Leitkraft für die Bewußtseinsausbildung heranziehen. Eine östliche Weisheit besagt, daß dem, der den Rhythmus beherrscht, alle Möglichkeiten offen stehen – auch die vermeintlich geheimen oder übernatürlichen.

«Wer das Geheimnis der Töne kennt, der kennt das Mysterium des ganzen Weltalls».[25] *Hazrat Inayat Khan*

Sein größtes Potential besitzt der Laut in seiner feinsten, alles durchdringenden Struktur: der Unhörbarkeit oder Stille. Ein geistiger Impuls müßte dort im virtuellen oder noch schwingungsfreien Zustand ebenfalls allumfassend sein und allwirksam werden können. Verkündigungen, deren Worte aus diesem Ursprung hervorgingen, hatten eine durchschlagende Wirkung. Aus dem Wissen um das Geheimnis der rhythmischen Schwingungen und ihre mystischen Zahlenverhältnisse beinhalten in den heiligen Schriften die Worte in bestimmter Auswahl und Anordnung, aber auch die Namen, oft schon die ganze Aussage auf einer transrationalen Ebene.

Im Zusammenhang mit der Selbsterregung des Schöpferischen durch die auf sich selbst gerichtete Bewußtseinsenergie muß nochmals das Resonanzphänomen aufgegriffen werden. Im alten Indien war das Prinzip des Resonanzmechanismus bekannt, durch dessen Anwendung tatsächlich Erstaunliches möglich wurde (vgl.: «Alle Dinge sind möglich, dem, der da glaubt».Matth. 9,23) Ob und inwieweit dieser resonale Mechanismus wirkt, hängt vom Reinheitsgrad des Bewußtseins ab, und das steht in Verbindung mit der Hingabefähigkeit des Dienenden. Der entsprechende Empfänglichkeits- oder Glaubenszustand läßt sich willentlich oder chemisch-mechanisch nicht beliebig produzieren. Wenn es aber zu einer schöpferischen Eigenerregung durch das selbstreflexive Bewußtsein kommt, erlebt der Meditierende ein dynamisches Geschehen, das aus dem Grunde seines Bewußtseins selbsttätig hervorgeht. Seine Auf-sicht kann dann behutsam den Vorgang, in einer Art Schutzfunktion gegenüber fehlleitenden Einflüssen, bis zum Ziel begleiten.

Wir kommen damit zum zweiten Schlüsselsatz in der Bhagavad-Gita, welcher das Handeln aus dem Ursprung zum Thema hat:

> Gegründet in Yoga
> und im Besitz der Fülle, geh' hin
> und handle unabhängig vom Erfolg
> oder Fehlschlag deines Tuns;
> denn Gleichmut ist des Yoga Wesen. (Bhagavad-Gita II, 48).

Die hier geschilderte Art des dienenden Handelns aus der Stille ist ausgesprochen schöpferisch. Die Verbindung mit dem Ursprung (= Yoga) erlaubt, aus der Unbegrenztheit der schöpferischen Fülle zu schöpfen und als Organ eines höchsten Willens daraus Formen zu schaffen. Wo die Einheit von individuellem und universalem Willen zur Wirklichkeit geworden ist (= Yoga), vermag sich der Einzelwille nur noch ganzheitskonform oder ordnungsgetreu zu betätigen. In diesem Zustand sind Dienen und Beherrschen, Empfangen und Geben, Vernehmen (Vernunft!) und Tun, Geschehenlassen und Handeln oder Ursache und Wirkung vereinigt.

Wir hatten mit der Versenkung die Einwärtsbewegung des Yoga in Richtung Stille behandelt. Aufgrund des zum Leben gehörenden Wechselrhythmus von Ruhe und Bewegtheit, kommt dem Gesichtspunkt der auswärts-orientierten Aktivität die gleiche Bedeutung zu. Patanjali hat in seinen *Yoga-Sutras* (= Leitfaden zur Verwirklichung und Stabilisierung höherer Bewußtseinszustände) diesem Aspekt Rechnung getragen. Diese Yoga-Sutras haben eine alte Tradition, deren Mißverständnis, etwa das Nichtbeachten des spirituellen Prinzips der Gewaltlosigkeit, das Ausbleiben von Erfolgen erklärt. Die Wirkung der zwanglos angewendeten Sutras beruht darauf, daß – nach dem Eintreten meditativer Ruhe – bestimmte Gedankenformen in subtiler Weise wiederholt werden, um die kreative Ursprungsebene des Geistes in Schwingung zu versetzen. Das gleiche Prinzip liegt auch dem Gebet zugrunde. Es ist bezeichnend, daß gleich in den ersten Sutras Impulse gesetzt werden, im Sinn von freundlich, liebevoll, barmherzig, frei und heiter. Es sind Werte, die dem Wesen eigentümlich sind und dort hervor-*gerufen* werden. Wohlgemerkt: der Mensch kann wollen und tun, nicht aber das Ergebnis bestimmen (vgl. Bhagavad-Gita II. 48).

Das Problem der richtigen Anwendung der Sutras besteht aus dem möglichen Konflikt zwischen dem Eigenwillen und dem des schöpferischen Von-selbst-Geschehens. Befindet sich nämlich die individuelle Willensaktivität noch nicht im Einklang mit der universalen, dann ähnelt das Verfahren einer Selbsteinrede oder formelhaften Vorsatzbildung im Feld der dualistischen Mentalität. Die Kunst der richtigen Anwendung erwächst auch hier aus der Übung des Transzendierens nach dem Prinzip der Zwang- und Mühelosigkeit.[26]

Es scheint die Möglichkeit zu bestehen, daß der Mensch von der Ursprungsebene des Bewußtseins her, allein und in Gruppen, Einfluß auf den Ordnungszustand der eigenen, gesellschaftlichen und internationalen Lage ausüben und zur Entwicklung eines kollektiven Ganzheitsbewußtseins beitragen kann. Die Bündelung von Einzelstäben verstärkt die Statik der Gesamtstruktur. Die Summe von Wassertropfen und Schneeflocken kann zu Überschwemmungskatastrophen und gewaltigen Lawinen führen. Einzelne können weder wirkungsvoll streiken noch als Kriegsmacht auftreten. Aus dem Wissen um die Potenzierung geistiger Energien durch Bündelung wurden schon immer Gruppen um geistige Führer gebildet, allerdings auch deswegen, um der Gefahr zunehmender Antriebsschwäche und Neigung zur Eigenbrödlei bei noch labilen Mitgliedern vorzubeugen. Dazu bedurfte es im allgemeinen der tonangebenden und richtungsweisenden Gegenwart einer Leitperson, von der sich die Beteiligten inspirieren lassen konnten – was indessen mit dem Risiko des Personenkults und des Entstehens von Abhängigkeitsverhältnissen verbunden war. Beides widerspricht der Freiheitsnatur des Selbst und der Gefolgschaftstreue gegenüber dem inneren Meister.

Beobachtungen und Erfahrungen lehren, daß auf dem spirituellen Gebiet nichts erzwungen und übersprungen werden kann, so leidig das der Ungeduldige auch empfinden mag mit seiner hartnäckigen Bindung an Emotionen, persönliche Probleme oder biologische Zwänge – selbst noch nach langen Übungsjahren.

Das Wachstum der inneren Ordnung unterliegt fraglos einem Reifeprozeß. Nach C. G. Jung geht der Mensch erst nach seinem Lebensmittag – von der vorausgegangenen aktiv-vitalen, nach außen orientierten Phase – in den mehr geistig-seelisch betonten Nachmittagsabschnitt über. Der Volksmund spricht erst dem Alter die Weisheit zu, und in der Tiefenpsychologie ist der archetypische Ratgeber meist ein alter weiser Mensch. Die Mehrzahl der geistigen Führer waren ältere Männer und Frauen, wobei Ausnahmen die Regel bestätigen. Es hat sich gezeigt, daß durch meditative Übungen zwar ein beträchtlicher Zuwachs an Gesundheit, Frische, Freude und Tatkraft im Zusammenhang mit einer beschleunigten Bewußtseinsentfaltung zu verzeichnen ist, das innere Reifen aber seine Zeit benötigt, deren Dauer zu bestimmen, nicht in der Hand des Menschen liegt. Das gleiche gilt für das Stabilisieren jener höheren Bewußtseinszustände, die im Verlauf einer Übungspraxis wiederholt und graduell unterschiedlich entstehen. Andernfalls wäre es ja überflüssig, über Jahre und Jahrzehnte hindurch regelmäßig zu üben, längere Intensivphasen einzuschieben oder sich eingehend mit der jeweiligen Lehre zu beschäftigen. In der Bhagavad-Gita wird auf den Faktor Zeit mehrmals im IV. Kapitel hingewiesen. Er wird in dem Maß gegenstandslos, als das Bewußtsein mit seiner Überzeitlichkeit (= Unbegrenztheit) vertrauter wird.

Um nicht in den Verdacht eines Befürworters indischer ‹Exzentrik› zu geraten, soll untersucht werden, ob und welche Entsprechungen zum Yoga auf dem von Jesus gewiesenen Weg entdeckt werden können.

SECHSTES KAPITEL

Das sanfte Joch und die leichte Last Jesu

LEITBILD Der wohl ältesten Ausbildungsrichtlinie unseres Kulturkreises können wir dem bekannten Satz aus der Genesis entnehmen: «Und Gott schuf den Menschen sich zum Bilde». Formal sind alle Erscheinungen Bilder, in denen sich das Göttliche manifestiert. Das ‹Humane› aber ist darüber hinaus ein offensichtlich spiritueller Wert, so daß hier von einer geistigen Beschaffenheitsgleichheit von Gott und Mensch ausgegangen werden kann. («Ich und der Vater sind eins».Joh. 10,30) Das anzu*erkennen* ist für einen dualistischen Denker schwer, nicht aber für einen ganzheitlich Schauenden. Die ‹Göttlichkeit› des menschlichen Bewußtseins besteht darin, daß es nach seiner vollen Entfaltung des Unbegrenzten gewahr sein oder Gottes innesein (= gottgleich) kann. Haben sich nun die Menschen nach diesem göttlichen Leitbild gerichtet oder sind sie anderen Führungs- oder Verführungskräften gefolgt? Die allgemeine Orientierungs- und Ratlosigkeit lassen letzteres befürchten.

INBILD Allen Gebilden der Schöpfung ist von allem Anfang an das Inbild ihrer Vollendung eingeprägt. Es ist das ‹Wort› Gottes, das als Inschrift des Wesens die ganze Zielinformation und Werdekraft enthält. Das Wissen um diesen Vollkommenheitsaspekt ist sehr wesentlich, weil sich der suchende Mensch an einer stabilen und ewiggültigen Größe zu orientieren versucht: am Göttlichen und dessen schöpferischen Wirksamkeit. In diesem Zusammenhang ist in den Weisheitslehren auch von Wahrheit die Rede als einem grundsätzlichen, unveränderlichen Wert, so vielseitig auch dessen Spiegelung in den verschiedenen Religionslehren und Erkenntnisstufen sein mag.

> «Wer die ewige Weisheit des Vaters
> hören soll, der muß innen sein und
> muß darin sein und eins sein, dann
> kann er die ewige Weisheit des
> Vaters hören.» (Meister Eckhart, Pred. 13).

WAHRHEITSINSTANZ Es muß im Menschen eine Instanz geben, die intuitiv wahrheitsempfänglich ist, weil es andernfalls eine unmittelbare Bewußtheit davon nicht gäbe und sich nirgendwo eine Wahrheitsverkündigung hätte ereignen können. Ohne diesen divinen Wesenskern wäre ein menschliches Sein und Werden völlig sinnlos. Nach der Identitätslehre des griechischen Philosophen Empedokles (ca. 500 v. Chr.) kann die Wahrheit nur ihrer selbst innewerden. Anders ausgedrückt: Das Selbst entdeckt sich selbst im reinen Gewahrsein als Wahrheit. Wie sonst könnte von der ‹Wahrheit des Menschen› die Rede sein?

> «Warum geht ihr aus? Warum bleibt ihr nicht in euch selbst und greift in euer eigenes Gut? Ihr tragt doch die Wahrheit wesenhaft in euch!» (Meister Eckhart, Pred. 6).

ERLEUCHTUNG Die Wahrheitsverkünder wurden nie müde, das Wahre im Menschen wachzurufen, das mehr ist als Gehirnfunktion, psychische Mechanik, Schulwissen und Belesenheit:

> «Ich bin gekommen, daß ich ein Feuer anzünde auf Erden, was wollte ich lieber, denn es brennet schon!» (Luk. 12.49).

Sonne, Feuer und Licht sind die Symbolbezeichnungen für die Wissenheit. Die in der Materie ruhende Energie wird durch Feuer in Wärme und Lichtschwingung verwandelt. Das Feuer ist das Selbst des erleuchteten Menschen. Das Selbst erkennt das ‹göttliche Feuer› überall als Kern aller Erscheinungen. Das ‹Seins-Licht› im Grunde des Bewußtseins ist intuitives Wahrheits-Wissen, das von den Weisen als die göttliche Eigenschaft des menschlichen Selbst erkannt worden war. Neuerdings wird von Forschern behauptet, daß Licht als Träger neurophysiologischer Informationen entdeckt worden sei.

> «Ich glaube, daß wir einen Funken jenes ewigen Lichts in uns tragen, das im Grunde des Seins leuchten muß und welches unsere schwachen Sinne nur von Ferne ahnen können. Diesen Funken in uns zur Flamme werden zu lassen und das Göttliche in uns zu verwirklichen, ist unsere höchste Pflicht.»
> *Goethe*

> «Wir sind das Licht, das alle Bibeln und Christus' und Buddhas, die je waren, erleuchtet. Ohne das wären jene für uns tot und nicht lebendig. Jedwedes äußere Leben ist umsonst, bevor nicht der innere Lehrer erweckt worden ist».[27]
> *Vivekananda*

DIE UNMITTELBARE GOTTESSCHAU JESU Jesus sagte: «Ich bin der Weg und die Wahrheit und das Leben; niemand kommt zum Vater, denn durch mich.

Wenn ihr mich kennet, so kennet ihr auch meinen Vater. Die Worte die ich rede, rede ich nicht von mir selbst. Der Vater aber, der in mir wohnt, der tut die Werke. Glaubet mir, daß ich im Vater und der Vater in mir ist. (Joh. 14.6ff). Ich und der Vater sind eins. (Joh. 10.30). An demselben Tag werdet ihr erkennen, daß ich in meinem Vater bin und ihr in mir und ich in euch. (Joh. 14.20). Ich bin das Licht der Welt, wer mir nachfolgt, der wird nicht wandeln in der Finsternis, sondern der wird das Licht des Lebens haben. (Joh. 8.12). Ihr seid das Licht der Welt». (Matth. 5.14).

Aus diesen Sätzen geht hervor, daß Jesus buchstäblich vom Innesein des Göttlichen in seiner Seele ausging – ja, sich mit dem Vater und allen Gotteskindern eins wußte. Diese geistige Beschaffenheitsgleichheit mit Gott sah Jesus bei all seinen Gefährten und Mitmenschen naturhaft gegeben.

DER INWENDIGE CHRISTUS Der Weg zur Lichtquelle – dem Christusbewußtsein oder Selbst – führt zunächst nach innen. Wer ihn beschreitet, folgt Christus als seinem inwendigen Meister nach. Es heißt: «das Reich Gottes ist inwendig in euch». (Luk. 17.2). Paulus bezeugte: «Ich lebe, doch nicht ich lebe, sondern Christus in mir». (Gal. 2.20).

Das Vordergründige der Sprache könnte zu dem Irrtum führen, daß das Innen als ein vom Außen abgetrennter Ort zu verstehen ist. In Wahrheit aber ist alles eines in Unbegrenztheit. Das Innen ist überall anwesend als die göttliche Wirklichkeit und Leitkraft. Ihr zu folgen, ist weder westlich noch östlich, sondern natürlich und deshalb universal. Aufgrund seiner Nichtgegenständlichkeit ist der Weg von moralischen Auflagen, religiösen Vorschriften und philosophischen Denkinhalten frei. Er kommt für jeden Wanderer in Betracht, einerlei welchen Glaubens oder Unglaubens er ist.

MENSCH-WERDEN Wer aber ist derjenige, der den Weg beschreitet und welchem Ziel strebt er zu? Der Mensch! Das Wort ‹Mensch› geht zurück auf das indogermanische *men* = überlegen, denken. Der Mensch lebt als ein irdisches und zugleich göttliches Wesen auf der Erde und durchläuft derzeit noch einen Werdeprozeß in Richtung weiterer Bewußtseinsentfaltung.

Das Werden beinhaltet eine Zielrichtung, ein Vorwärts.

Beides ist in der Wegweisung Jesu ausgeprägt. Er gebietet, das Kreuz der Ich-Probleme auf sich zu nehmen und dem ‹Höchsten› nachzufolgen. Er rät dringend ab, sich dabei nach rückwärts zu wenden und sich womöglich noch bei den Zurückgebliebenen aufzuhalten – selbst wenn es sich um Familienangehörige handelt. Jesus empfahl, die Toten ihre Toten begraben zu lassen, selber aber ihm zu folgen. Anhaften ist vergangenheitsbezogen. Nachfolgen, Fortschreiten oder Werden sind zukunftsorientiert. Als ein schöpferischer Prozeß ist Werden selbsttätiges und seiner Natur nach müheloses Geschehen. Wir erinnern an das ‹Von-Selbst› im Gleichnis Jesu vom Aufkommen der Saat. Eine menschliche Ausbildung muß human sein. Unter ‹human› wird verstanden: liebevoll, freundlich, gütig, barmherzig, mitfühlend, hilfsbereit, duldsam, vergebend, sanft, edel, anständig, gesittet. Rücksichtslosigkeit, Gewaltsamkeit und Grausamkeit gelten als unmenschlich. Deshalb lud Jesus die Menschen zu einem leichten, unbeschwerlichen Ausruhen und Geschehenlassen ein:

> «Kommet her zu mir alle, die ihr mühselig und beladen seid, ich will euch erquicken.
>
> Nehmt auf euch mein Joch und lernet von mir; denn ich bin sanftmütig und von Herzen demütig; so werdet ihr Ruhe finden für eure Seelen.
>
> Denn mein Joch ist sanft und meine Last ist leicht».
> (Matth. 11.28.).

KOMMET HER ZU MIR ALLE! Ausnahmslos ist jeder gerufen zum ‹inwendigen Christus›, als dem höchsten Unterweiser und der sichersten Leitkraft. Von der Vorbedingung einer moralischen, psychologischen, erkenntnistheoretischen, leistungsorientierten oder bildungsbedingten Auslese ist hier nicht die Rede.

ICH WILL EUCH ERQUICKEN! Erquicken (alt-hochd.: *chec, quec* = lebendig, lebhaft, frisch, munter, flink) bedeutet *lebendig machen, wiederbeleben*. Beides ist mit wacher Aufmerksamkeit als Folge vorausgegangener Ruhe verbunden. Das Wort im griechischen Bibeltext kann auch bedeuten: *erholen* und *ausruhen lassen*. Ruhe ist ein wichtiger Faktor der Erholung und für den Aufbau von Gesundheit und Ordnung wichtig. Zu ruhen ist angenehm, leicht und mühelos, weil durchaus energiesparend. Ruhe wirkt sich ‹reinigend› auf die Geist-Leib-Seele-Einheit aus. Ruhe hat eine harmonisierende Nachwirkung.

NEHMT AUF EUCH MEIN JOCH UND LERNT VON MIR! Joch und Yoga sind stammverwandt. Das Joch Jesu war dem menschlichen Wesen angepaßt, weshalb es zu keinen Druckstellen bei den angeschirrten Menschen kam. Sie nahmen das Joch willig auf sich, zumal sie dadurch in eine unmittelbare Verbindung mit Gott kamen. So konnte seine schöpferische Energie unmittelbar das bewirken, was eine willentliche Leistung aus eigener Macht(un)vollkommenheit nie zuwege bringt. Das Christusbewußtsein ist das Mensch und Gott verbindende ‹Joch› Jesu, die ‹Religio› oder die spontane Gott-Bewußtheit. So mit der maßgeblichen Leitkraft verbunden, verläuft der Lehrgang des Lebens fruchtbar. Die Grundbedeutung von Lehre ist ‹rechter Weg›, den zu er-*fahren*, wissend (bewußt) werden läßt.

DENN ICH BIN SANFTMÜTIG UND VON HERZEN DEMÜTIG! Sanftmut und Demut sind dem humanen Christuswesen immanent. Die Ausbildung dieser Eigenschaften ist nur durch Gewaltlosigkeit möglich, im Vertrauen auf die allein kompetente Lehrkraft Gottes, also unter Verzicht auf Eigenmächtigkeit, Eigensinn und Willkür. Für den Demütigen ist Gott der Inbegriff von Macht und Kraft, die aber nicht von Macht-haben oder Macht-willen, sondern vom Mächtig-Sein kommen. Machtanmaßung und Gewaltausübung stellen einen Verstoß gegen die göttliche Friedensordnung dar. Nicht umsonst begleitet das Grundprinzip der Gewaltlosigkeit den Weg des Gottsuchers. Der Friedliebende kann von sich aus weder für noch gegen etwas sein, denn er harmonisiert und versöhnt das Gegensätzliche. Er ist mit der polaren Gottwirklichkeit einig. Er versöhnte sich mit seinem Bruder nach einem Konflikt.

SO WERDET IHR RUHE FINDEN FÜR EURE SEELEN! Im biblischen Sinn ist die Seele der göttliche Wesenskern im Menschen, das Empfangsorgan für den Willen Gottes. Die innere Ruhe oder Ordnung sind die Kennzeichen einer zur Gottesordnung heimgekehrten Seele. Das Nein zur Wirklichkeit ist verstummt und mit ihm die ganze Unruhe des Nichtwollens, Wollens, Wünschens, Ausdenkens und Selbermachens. Die Stille ist gewaltlos und unparteiisch. Sie ist gegen nichts und niemanden gerichtet. Sie ist friedvoll. Stille ist nicht leer: Sie ist der formlose verborgene Ursprung, aus dem alles Mögliche, alle Erscheinungen, hervorgehen. Insofern ist Stille auch Fülle. Ein erfüllter Mensch ist zufrieden und wunschlos glücklich. Er lebt ganz in der Überzeitlichkeit des Augenblicks und der Gottesordnung. Hier gibt es keine Grenzen mehr, um die gestritten werden müßte. Unbegrenztheit ist Erlösung und Freiheit!

DENN MEIN JOCH IST SANFT UND MEINE LAST IST LEICHT! Sobald die gedankliche Scheintrennung zwischen Mensch und Gott aufgehoben und der Dualismus überwunden ist, wird – gegründet auf die Reich-Gottes-Ordnung – alles leicht. Denn nicht mehr der Mensch ist es, der hart und vergeblich an sich arbeitet, sondern Gott, der mühelos alles erfolgreich bewirkt und das dem Menschen Unmögliche möglich macht. Die Entlastung von der Bürde der gesetzlichen Auflagen und moralischen Gebote muß für die durch Schuld- und Sündeneinrede gequälten Gefährten Jesu ein erlösendes Freiheitserlebnis gewesen sein. Ihre Dankbarkeit und Liebe waren die Merkmale des neuen Bewußtseins, und ihre Gelassenheit der Ausdruck elementaren Urvertrauens. Die Dankbarkeit gehört zum Grundempfinden des religiösen, d. h. humanen Wesens.

Gewalt- und Mühelosigkeit im Angebot Jesu als Voraussetzung der Gott-Unmittelbarkeit (= Ende des Dualismus) oder des schöpferischen Geschehen-Lassens (= Dein Wille geschehe!) sind deshalb besonders zu betonen, weil eine mißverstandene Überlieferung die spirituelle Erholung (= Heimholung durch Gott) hartnäckig an Leiden, Zwänge, Leistungen, Anstrengungen und Auflagen gebunden wissen will. Paulus schrieb im zweiten Brief an die Korinther (12.9.): «Laß dir an meiner Gnade genügen; denn meine Kraft ist nur in den Schwachen mächtig». Der Schwache aber ist gewaltlos. Der Vater verlangte vom heimgekehrten Sohn weder Reue, Buße, Entschuldigung, noch Wiedergutmachung, getreu dem

Prinzip, nicht nach rückwärts zu blicken und das Vergangene ruhen zu lassen.

Wir halten den gewaltlosen Verzicht auf Eigenmächtigkeit, Gegnerschaft und Gewalttätigkeit für die wichtigste ‹Entsagung› auf dem Weg der spirituellen Entfaltung. Dazu gehört noch die gewaltlose ‹Zurückziehung› nicht nur von äußeren Sinnesreizen während der Stilleübungen oder Gebetszeiten, sondern auch von den jeweiligen Umkehrpunkten des Lebensrhythmus. Zurückziehung aus der ‹Welt› und Zurückziehung aus dem ‹Überweltlichen›, Zurückziehung aus dem Lärm und auch Zurückziehung aus der Stille. Der gesetzmäßigen Abwechslung von Ruhe und Bewegtheit zu folgen ist nicht schwer, weil sie dem Rhythmus des Lebens entspricht. Die Hingabe gibt das eigenmächtige Ich hin und über-‹antwortet› das Selbst dem ‹Höchsten›.

Das Ziel des humanen Werdegangs ist die Vollendung. Sie bedeutet Selbst-Bewußtsein in dem Sinn, daß sich das Selbst seiner geistigen und universalen Seins-Natur uneingeschränkt inne geworden ist. Die Voraussetzung dafür ist, daß die vergängliche Seite des Menschseins, das Ich vergessen wird, vergeht oder ‹stirbt›. Weil aber das Ich vom Unvergänglichen fasziniert ist, sucht es den ‹Tod› seiner Individualität zu vermeiden, um, mit allen möglichen Mitteln und Attributen der Vergänglichkeit versehen, ewig überleben zu können: Sicherheit, Macht, Geld, Leistung, Ruhm, Prestige, Wissen, Luxus, Sex, Jugend, Fitness, Reinkarnation etc. Mit diesem Ersatz verdeckt und verfehlt der Ichmensch das eigene Selbst-Sein. Durchschaut ein Mensch diesen Sachverhalt, dann hat er die Chance, durch das rechte Verhalten seinem Werdeziel im Rahmen der Menschheitsevolution näher zu kommen. Ein Vorsprung ist aber bekanntlich immer nur einzelnen gestattet: «denn viele sind berufen, aber wenige sind auserwählt!» (Matth. 20.16).

Wie sehr die mystische Seite der christlichen Verkündigung im Mittelalter noch lebendig war, und welche überkulturellen Entsprechungen zu anderen Traditionen erkennbar sind, soll in den nachfolgenden Textauszügen sichtbar gemacht werden.

Meister Eckhart:

> «Solange du deine Werke tust um des Werkes willen, um Gut, Innerlichkeit, Heiligkeit, Lohn oder Himmelreich, so lange ist dein Tempel ein lärmender Jahrmarkt. So lange du deine

Werke tust aus äußerem Antrieb, um Gottes oder deiner eigenen Seligkeit willen, so ist es wahrlich nichts rechtes mit dir. Dies gilt für alles Streben und Wollen, Denken, Vorstellen, Glauben, Wähnen und Hoffen. Jede Einbildung von Bildern, jede Vorstellung, jedes Haften an äußeren Zeichen und jedes Schauen hindert dich am Erfassen des ganzen Gottes. Darum wirf sie hinaus, alle Heiligen und unsere liebe Frau aus deiner Seele, denn sie sind alle Kreaturen und hindern dich an der großen Gottheit. Selbst deines gedachten Gottes sollst du quitt werden und aller deiner Gedanken und Vorstellungen über ihn. Du sollst ihn lieben, wie er ist: ein Nicht-Gott, ein Nicht-Geist, eine Nicht-Person, ein Nicht-Bild, mehr noch, – wie er ein lauteres, klares, reines Eins ist, abgesondert von aller Zweiheit. In diesem Einen sollen wir versinken, ewig versinken, vom Etwas zum Nichts. Werke und Zeit sind verloren. Die Werke als Werke, die Zeit als Zeit, noch nie ist ein Werk gut oder heilig gewesen. Wie könnten jene Werke erhalten bleiben, die in Todessünden geschahen, und wie die Zeit, in der sie geschehen sind? Der Geist entledigt sich dieses Bildes. Es hat im Geiste kein Bleiben, und Gott bedarf seiner auch nicht. Darum geht es an sich selbst verloren und wird zunichte.

Nimm Gott ohne Eigenschaft als überseiendes Sein und eine überseiende Nichtheit. In die stille Wüste der Gottheit führt nichts als geistige Armut. Was ist das? Es gibt Leute, die sich dafür halten, wenn sie ein Leben in Askese, geistigen Übungen und Frömmigkeit führen. In Wahrheit sind es Esel. Geistig arm ist vielmehr der, der nichts will, nichts weiß und nichts hat und alles so radikal, daß er nicht einmal so viel will, daß er den Willen Gottes erfüllen möchte. Daß er nicht einmal weiß, daß Gott in ihm wirkt, und daß er nicht einmal eine Stätte in sich habe, in der Gott wirken könne. Mit anderen Worten: Mystisch arm ist der, der so ist, wie er war, als er noch nicht war.

Herr, wenn ich so ganz ledig stehen soll ohne alles Wirken, ist es denn wirklich die beste Weise, wenn ich mein Gemüt in ein nichterkennendes Erkennen erhebe, das es doch gar nicht geben kann? Denn erkenne ich etwas, so wäre dies kein Nicht-Erkennen und wäre auch kein Ledig- und Bloß-Sein. Soll ich denn völlig in der Finsternis stehen?

Ja, sicherlich. Du kannst niemals besser dastehen, als wenn du dich völlig in Finsternis und Unwissen versetzt. Was aber ist diese Finsternis, was ist ihr Name? Ihr Name besagt nichts anderes als eine Empfänglichkeitsanlage, die indessen durchaus nicht des Seins entbehrt, sondern eine vermögende Empfänglichkeit, worein du vollendet werden sollst. Die Anlage ruhet nimmer, bis sie mit vollem Sein erfüllt ist.

Herr, wenn der Mensch in einem reinen Nichts steht, ist es dann nicht besser, daß er etwas tue, was ihm Finsternis und Verlassenheit vertreibe? Daß ein solcher Mensch also bete, Predigt höre, oder tugendhafte Werke verrichte?

Nein, fürwahr, wisse: Ganz still zu sein und so lange wie möglich, das ist das allerbeste. Je verlassener und unwissender du dastehst, desto näher kommst du dem, der alle Dinge ist. Vergesse nicht, daß Gott wirken und sie eingießen muß, sobald er dich bereit findet. Darum stehe still und wanke nicht von dieser Leerheit.

Wenn diese Geburt dann geschehen ist, können dich alle Kreaturen nicht mehr hindern. Sie weisen dich alle zu Gott. Hätte ein Baum tausend Blätter, sie alle kehrten sich zu ihm, und was vorher ein Hindernis war, fördert dich zumal. Das Antlitz wird völlig dieser Geburt zugekehrt, in allem, was du siehst oder hörst, wirst du nur diese göttliche Geburt wiederfinden. Alle Dinge werden dir zu Gott. Und wo dies nicht ist, fehlt dir diese Geburt».[28]

Durch solche Erfahrungsberichte wurde die Möglichkeit bekannt, ohne Aktivität in der Stille wach und empfänglich für das Geschehen des Willens Gottes zu werden, ohne Einwirken des Menschen. ‹Der Weg des Schweigens› eines anonymen Mystikers aus dem frühen Mittelalter zeugt vom esoterischen Wissen der christlichen Tradition, die mit dem sanften Weg Jesu zur Bewußtseinseinheit mit dem Gottall einmal vertraut war.

«Eine Übung so einfach, daß selbst ein Mensch ohne Bildung dadurch zu einer echten Vereinigung mit Gott finden kann in der erfüllenden Ungeteiltheit vollkommener Liebe. – Diese Übung ist wirklich leicht, und ich halte den für geistig behindert, der nicht sein eigenes Sein wahrnehmen kann. Dies' alles geschieht wie von selbst, leicht und ohne Mühe, kraft der Gnade. Nicht ohne Grund vergleiche ich die Übung mit dem Schlaf. Im Schlaf stellen Sinne und Denken ihre Tätigkeit ein. – Ähnlich ist es auch beim geistigen Schlaf.

Alle Anstrengung von Sinnen und Verstand erreicht nicht einmal annähernd Ähnliches. Was immer sie (die Gelehrten) an Wissen gewinnen, mag es noch so großartig und tiefschürfend sein, ist im Vergleich zu dieser Einsicht kaum mehr als ein Wahn. Könnte ein in Kontemplation Lebender ausdrücken, was er erfährt, alle Gelehrten der Christenheit würden vor seiner Weisheit verstummen. Alles menschliche Wissen erschiene im Vergleich dazu als reines Nichtwissen.

Gott in seinem reinen Sein ist jedes und alles in einem. Vereine dein Sein mit Gottes Wesen, denn er ist das strahlende Sein in sich selbst und in dir. Was du bist, stammt von ihm, ist er selbst».[29]

Sowohl die östlichen als auch die christlichen Übungen zielten auf die Stille als jenen geistigen Zustand ab, in dem das Göttliche als schöpferische Wirksamkeit am einfachsten erfahren werden konnte. Schon die Alten wußten um das Geheimnis der Stille: «Seid stille und erkennet, daß ich Gott bin!» (Ps. 46.11.).

In Zeiten, wo das Bemühen, das Kämpfen und Arbeiten, das Kontrollieren, die Anstrengung, der Leistungszwang, das Erfolgsstreben und die Disziplinierung üblich geworden sind, muß das Wissen um den natürlichen Zugang zur Stille abhanden gekommen sein. Die Doppelbedeutung von Disziplin (= strenge Zucht, Ordnung, aber auch Wissenszweig) haben in vielen Übungsdisziplinen zur Verwechslung von Einschränkung mit Ausbildung geführt. So erklärt sich das wachsende Interesse an solchen östlichen Erfahrungspraktiken, die bewußtseinserweiternd sind und unversehens und zugleich auch die christlichen Lehrinhalte mit Leben erfüllen. Das aber verlangt auch die Meisterung des Lebens durch schöpferisches Handeln.

SIEBTES KAPITEL

Meisterung des Lebens

NICHTWISSEN Ein Mensch sucht, weil er noch nicht gefunden hat, und er fragt, weil er nicht weiß. Suchen und Fragen sind sowohl Zeichen eines Bewußtseinsmangels als auch einer Er-*Innerung*. Trotz tausendfältiger Antworten in Wort und Schrift und ebenso vieler Bemühungen, die Ratschläge in die Tat umzusetzen, ist die Frage nach dem rechten Tun so aktuell wie eh und je geblieben. Das Fragen kann erst verstummen, wenn der inwendige Christus, das göttliche Selbst oder der Meister des Lebens erwacht sind.

> Und auch ihr habt die Traurigkeit,
> aber ich will euch wiedersehen,
> und euer Herz soll sich freuen,
> und eure Freude soll niemand von euch nehmen,
> und an demselben Tage werdet ihr mich nichts fragen.
> (Joh. 16. 22–23)

UNMITTELBARKEIT In den vorangegangenen Kapiteln wurde dargelegt, wie wichtig die Unmittelbarkeit des Erlebens für die Bewußtseinsverbindung mit dem Ursprung ist und welche Bedeutung dabei der Unvoreingenommenheit zukommt. In einem Fernsehinterview betonte Graf Dürckheim, daß es bei der gegenstandslosen Meditation auf das Freiwerden von allen Bildern, Vorsätzen, Inhalten und Gegenständen ankommt, damit die ‹Leere› eintreten und ihre Wandlungskraft wirksam werden kann.[30]

Mit Unmittelbarkeit wird ein Zustand der Einheit bezeichnet, die dem ungeteilten und unbegrenzten Gewahrsein gegenwärtig ist. Wegen des Fehlens von Reizen oder ihres Störeinflusses kommt diese Unmittelbarkeit in der Versenkung am einfachsten zustande, ist aber nicht auf diese beschränkt. Wäre das der Fall, dann müßte der Ursprung eine lokalisierbare Größe sein. Der Ursprung aber war und ist immer und überall die kreative Dynamik, mittels derer sich das Universum unentwegt selbsttätig organisiert. Das unmittelbare Erleben ist in jeglichem Aktivitätszustand des Nervensystems möglich.

ÜBERZEITLICHKEIT Wegen ihrer Augenblicksbezogenheit ist die Unmittelbarkeit vergangenheits- und zukunftslos. Dieser überzeitliche Zustand ist frei von entsprechenden Gedanken – also auch frei von Leiden und Besorgnissen.

Das Bewußtsein kann überhaupt nur Gegenwart erleben. Selbst die Erinnerungen oder Zukunftsgedanken können nur eine Vergegenwärtigung sein. Das Erleben der Gegenwarts-Wirklichkeit wird durch Gedanken in seiner Ursprünglichkeit ‹verzeitlicht› und denaturalisiert. Das Kriterium für das unmittelbare Gewahrsein der Wirklichkeit ohne Grenzen ist das Fehlen eines Zeitempfindens. Die Zeit ist in der Zeitlosigkeit des Augenblicks aufgehoben. Die Unmittelbarkeit ist im Grunde das Alleinheitsbewußtsein oder eine spontane Religio mit dem Ursprung nach Art der Kinder, aus denen das schöpferische Leben von selbst hervorgeht. In Phasen der Unmittelbarkeit fehlt auch in der Tätigkeit das Zeitempfinden.

EINHEITS- ODER IDENTITÄTSBEWUSSTSEIN In dieser Unmittelbarkeit ist Objekt, Subjekt und Wahrnehmungsvorgang eins geworden. Die genaue Analyse ergibt, daß ohne den Wahrnehmenden weder eine Wahrnehmung, noch ein Wahrgenommenes separat existieren. In dieser bewußten Seins-Einheit gibt es kein Zweites, also auch keinen Sinnesreiz, kein Objekt und keinen Wahrnehmungsvorgang, der sich außerhalb des Bewußtseins befände. Dieses aber ist identisch mit dem alleinigen oder totalen Selbst. Insofern ist die Unmittelbarkeit auch dann gegeben, wenn nach der konventionellen Auffassung die Sinnesorgane als die Vermittler von Reizen verstanden werden. Die Einheit ist stets vorhanden, nicht aber das entsprechende Gewahrsein. Der Unterschied zwischen innen und außen wird in der Unmittelbarkeit weder als Getrenntheit noch als Gegensätzlichkeit empfunden.

«Die Unmittelbarkeit ist die Voraussetzung dafür, daß wir wesentlich werden, weil dann alles unwillkürlich von selbst aus der Tiefe unseres Wesens hervorgeht».[31]

Johannes Müller

In den alten Schriften ist von einer universalen Identität die Rede. Wissenschaftler sprechen heutzutage davon, daß in einer unendlichen Wechselbeziehung jede Erscheinung zugleich die andere ist: wo also wäre in Wirklichkeit ein ‹Anderes›? Wir brauchen aber weder die alten noch neue Schriften heranziehen, wenn wir uns vergewissern wollen, was es mit dem Unmittelbar-Sein auf sich hat.

Es genügt, sich an die Ich-vergessenen Augenblicke der Unbegrenztheit zu erinnern, als wir selber nur von Glück, Freude, Liebe, Dankbarkeit erfüllt oder eins mit Gott waren, ohne irgendwelche Nebengedanken. Das mag sich urplötzlich in der Natur, in der Not, beim Tanz oder im Kunsterleben, in der Liebe, im Schmerz oder im Zusammen-Sein mit Menschen ereignet haben.

> «In Wahrheit menschlich ist allein,
> immer mit der Natur, mit der Wirklichkeit
> und mit Gott eins zu sein
> und aus dieser schöpferischen Synthese zu leben».[32]
>
> *Johannes Müller*

Um die Einheit mit dem Gott-All nicht nur gedanklich erkennen, sondern wirklich auch erleben und selber sein zu können, muß die unmittelbare, mystische Identitätserfahrung von Bewußtheit, Sein, Wirklichkeit und Ursprung vorausgegangen sein. Ist das der Fall, kann dennoch von Erfahrungslosen der entsprechende Erlebniszustand für krankhaft und unnatürlich gehalten werden. In den Kreisen der Mystiker wurde seit alters her die Wirklichkeit des Einheitsbewußtseins nie in Frage gestellt.

TRANSPERSONALE PSYCHOLOGIE Im Westen hat sich eine psychologische Disziplin entwickelt, die das mystische Erfahrungsgut mit den Methoden des wissenschaftlichen Denkens verifizieren (= Wahrheitsgehalt überprüfen) und in das moderne Weltbild einordnen will. Dabei wird die Notwendigkeit der Ursprungserfahrung ausdrücklich betont. Die Bedeutung der geistigen Direktverbindung mit dem Ursprung oder – was dasselbe ist – das uneingeschränkte Selbstsein (= Human-Sein) besteht darin, daß die in der Physik als ‹vereinheitlichtes Feld› bezeichnete, kreative Entstehungsebene spontan alle Energie- oder Materiefelder mit ihrem Steuermechanismus ‹von selbst› aufbaut. Wenn das Bewußtsein die eigene Ursprungsnatur entdeckt, kommt das der totalen Selbstoffenbarung der Wirklichkeit gleich, die alles Vorherige in den Schatten stellt. Das könnte zu einer revolutionären Erweiterung und Er-neuerung der Human-Psychologie in Richtung Wirklichkeit, Wirksamkeit, Heilung und Gesundheit führen, wenn hierzu das Notwendige ‹getan› wird.

LEBENS-EINDRUCK Der Mensch lebt nicht nur vom Essen, sondern auch von einer geistigen Lebensversorgung durch Eindrücke und Einfälle. Diese Informationen (= Einformung, Einprägung) weisen eine sinnlich-materielle und eine intuitiv-geistige Komponente auf. Die Gemeinschaft beider ergibt die Vollständigkeit (= Stehen im Vollen). Jeder Sinnesreiz regt das Wachstum der Bewußtseinsfähigkeit an. Was aus dem Grund des Herzens durch Lebensansprüche und Wirklichkeitseindrücke an Lebensäußerungen hervorgerufen wird, bildet zugleich das Wesentliche aus. Leben bedeutet Erleben. Ein nur nach innen geöffnetes Gewahrsein wäre eine halbe Sache.

Das Bemühen, einen Zustand der Unmittelbarkeit willentlich herbeizuführen durch Selbsteinrede oder Konzentration der Aufmerksamkeit, ist zum Scheitern verurteilt. Es würde den Sinn an die Zeitlichkeit und an das Kausalitätsdenken binden. Unmittelbarkeit kann nur absichtslos eintreten oder allenfalls begünstigt werden durch eine Verhaltensweise, die das Ich vergessen läßt. Sie ist auch durch die eingeübte ‹Hingabe› an die jeweils vorliegende Aufgabe möglich. Außerdem können Gelegenheiten unmittelbaren Erlebens gesucht und genutzt werden, in denen der Ichwille zurücktritt.

VOM TUN ZUM NICHT-TUN Die alten Lehren enthalten alle Gebote zum Tun, was sich auf das Üben bezog – einerlei ob nach innen oder außen gerichtet. (vgl. «Wer diese meine Rede hört und tut ... sie nicht» ... [Matth. 7.24] – «Alles was ihr wollt, daß euch die Leute tun sollen, das tut ihr ihnen auch ...» Matth. 7.12.) Das nach außen gerichtete Tun muß aber ebenfalls – so wie jenes nach innen – alsbald in ein ‹Nicht-Tun› übergehen, um im Strom des Schöpferischen einmünden und von diesem weitergetragen werden zu können. Andernfalls verläuft sich das Tun auf der Ebene des moralischen Selbermachens. Überall sind die Pausen naturhaft eingebaut: beim Denken, Sprechen, Schreiben, Schauen, Hören, Atmen, Essen, Herzklopfen, Gehen, Tanzen, Kunstschaffen, Arbeiten. Ebenso wie nach innen, ist nach außen die dienende Gehorsamhaltung, das Folgen und Sich-leitenlassen natürlich und maßgeblich. Die Achtsamkeit ist auch für die Einbeziehung der Außenwirklichkeit unverzichtbar.

Ein Tun, das in das ‹Nicht-tun› des Von-selbst-Geschehens übergeht, kann sich in der Regel nur durch die Übung oder das immerwährende Wiederholen entwickeln. Das Leben ist die unaufhörliche Hauptübung, an der teilzunehmen oder ihr fernzubleiben jedermann freisteht.

TEILNAHME UND SCHÖPFERISCHER WANDEL Aus der Teilnahme wird die Teilhabe am Ganzen, und daraus erwächst das Ganz-Bewußt-Sein. Nehmen setzt voraus, die Gabe zu sehen und dann zu ergreifen. Um etwas zu sehen, müssen die Augen geöffnet und der Blick gerichtet werden. Beides ist das willentlich mögliche Tun, das sodann in das geschehenlassende ‹Nicht-tun› übergeht: Der Blick verweilt bei dem Gesehenen in absichtsloser (= unbefangener) Gelassenheit und bemerkt, wie durch diese Gemeinschaft mit dem Eindruck oder Einfall selbsttätig etwas in Gang kommt, das die alte Situation verändert. Das ist das Geheimnis des schöpferischen Wandels. Das Seinlassen, die Geduld oder die Pause sind die Voraussetzung für das Einsetzen des Von-selbst-Geschehens, das durch ein unbesonnenes und daher unsinniges Eingreifen des voreiligen Willens-Ichs vereitelt oder zumindest gestört wird.

DIE LEBENSHILFEN VON JOHANNES MÜLLER Pfarrer Rudolf Daur, der Mitbegründer der Internationalen Gesellschaft für Tiefenpsychologie Stuttgart, schrieb: «Je mehr ich mich mit fernöstlichem Yoga und Zen beschäftige, um so deutlicher wird mir, welcher Lehrmeister Johannes Müller für uns war und bleiben wird.»[33]

Aufgrund seiner Ganzheitsschau sah Johannes Müller eine doppelte Möglichkeit der Selbstentfaltung oder Gotteinigkeit, die für ihn zusammengehörten: einmal durch die Einkehr in die Stille und einmal durch die Empfänglichkeit den Sinneseindrücken gegenüber. Was nun waren seine praktischen Hinweise?

Stille und Erlebnis «Wir müssen lernen uns zu entspannen, unsere Glieder los und locker werden zu lassen, unsere Nerven zur Ruhe zu bringen, nichts zu tun, nichts zu wollen, nichts zu denken, uns körperlich und geistig auszudehnen und auszustrecken, uns nicht zu bewegen, sondern in Schweigen und Stille zu versinken. Wie sich die Glieder im

Schlafe lösen, müssen unsere Gedankengänge, Bestrebungen und Instinkte sich beruhigen und von uns ablassen.

Diese Beschwichtigung des geistigen Umtriebs in uns, der uns auch in Stunden der Ruhe in Spannung erhält, ist nicht so einfach. Wenn man ihn dadurch los wird, daß man sich auf etwas anderes konzentriert, so wechselt man die Spannung. Man muß sich vielmehr innerlich davon abkehren, damit sich die Gedanken setzen und zur Ruhe kommen. Wir können ganz außer Beziehung zur Welt der Erscheinungen und Vorgänge (dadurch) geraten, daß wir in tiefer Ruhe auf alles blicken, wie aus einer anderen Welt. Wir denken dann nichts. Aber es denkt in uns. Wir tun es nicht, sondern erleben und erleiden es, aber nehmen es nicht wichtig. Wir merken nicht darauf, da wir es nicht wegwischen können. Wie leichte Wolkenstreifen über den blauen Himmel ziehen, Gestalt gewinnen und sich auflösen, ohne die tiefe Ruhe des blauen Himmels zu stören, so lösen sich in der Entspannung Gedanken los und verschwinden allmählich.»

Gewöhnung – Entwöhnung «Es ist Sache der willentlichen Gewöhnung und Entwöhnung, wenn man ruhen will, sich von allem, was einen beschäftigt und umgibt, innerlich zurückzuziehen, es fahren und fallen zu lassen. Man muß sich für diese Stunde dem Nichtstun widmen, sich der Beschaulichkeit ergeben, andächtig werden, sich dem Treiben der Welt verschließen und sein Innerstes zur Ruhe kommen lassen. Das geschieht aber am besten, wenn wir ganz absehen und loskommen von uns selbst, wenn wir aufgehen in der Natur, untergehen in dem allgemeinen Lebensstrom und darin wunschlos und von allem unabhängig werden. Dann spürt man den Atem der Schöpfung und atmet mit. Dann geht man im All auf und ruht darin aus. Es herrscht in uns das große Schweigen und um uns eine tiefe Stille, in der unsere Seele aufatmet.»

Der göttliche Kern «Wenn der Mensch die tiefe Ruhe in sich selbst und die volle Lösung von allem, auch von seinem Ich, soweit es Organ des Welttreibens ist, gewonnen hat, dann tauchen ganz von selbst die Regungen der Seele auf, und ihre Urlaute der Sehnsucht und des Heimwehs dringen empor. Wir beten, ohne es zu wissen und zu wollen. Das ist ein Beweis dafür, daß der göttliche Kern und Keim in uns

– das Geheimnis unserer Seele – lebendige Fühlung mit Gott, dem Urquell alles Seins und Lebens, gewonnen hat. Der Kontakt ist da und macht sich geltend in dem Gefühl des sicher Beruhens und Geborgenseins, in Schauen und Sehnsucht, in Ehrfurcht und Vertrauen. Der Glaube, das ursprüngliche Empfinden unserer Seele, beginnt sein wunderbares Walten. So schlagen wir Wurzeln im Ewigen, im Bereich der Gnade, im schöpferischen Urgrund, und leben auf in der Gemeinschaft und Vertrautheit mit dem Vater im Himmel. Das Geheimnis des schöpferischen und fruchtbaren Lebens besteht darin, daß wir Werkzeug der göttlichen Macht werden, die sich in allen Entfaltungen unseres Wesens und Äußerungen unseres Lebens offenbaren will. In dem Maße, als sie durch uns lebt, erfüllt sich unser innerstes Schicksal und vollendet sich unser Lebenswerk.»

Nicht-Machen-Wollen «Viele Menschen meinen, sie könnten diese Erfüllung und Vollendung nur durch einen besonderen, darauf eingestellten Betrieb ihrer Gedanken gewinnen, durch Meditation (Bem. d. V.: J. Müller wußte nur von der Existenz eigenwilliger, ichbezogener Verfahren), durch erbauliche Betrachtungen, durch religiöse und moralisierende Beschäftigung mit sich selbst, durch gedankliche Versenkung darein, wie es sein soll, und durch Wünsche, Vorsätze und Gebote, die sich darauf erstrecken. Alle gedanklichen Bemühungen sind auch wieder nur ein Betrieb, eine subjektive Ausdünstung der Oberfläche unseres Geistes. Die wesenhafte Religiosität, das bodenständige, im Göttlichen wurzelnde Lebensgefühl der Seele ist ja gerade am religiösen Betrieb zugrunde gegangen. Selbst wenn sich die Menschen vor Gott sammeln wollten, konnten sie ohne erbauliche Gedanken, ohne Gerede, ohne selbsteigene Bemühungen nicht auskommen. Sie mußten singen, hören, reden, Zeremonien vollziehen. Das mag seinen Wert haben. Aber es kann niemals die Empfängnis herstellen, zu der es in der Lösung vom eigenen Ich kommt. In ihr muß alles zur Ruhe kommen, was uns erfüllt.

Diese ewige Ruhe ist die Grundlage einer unanfechtbaren Überlegenheit, eines unantastbaren Gefeitseins gegen alles, die Basis der inneren Unabhängigkeit und Unbefangenheit gegenüber allen Dingen, die Grund-Bedingung, aus der Vollmacht zu leben und die Quelle aller Klarheiten und Kräfte.

Hier ist der Zugang zu menschlicher Freiheit und Größe. In dieser Ruhe ist die Widerstandskraft und Erhabenheit, die Sachlichkeit und der Abstand der Seele gegenüber allem, was sie bedrängt und in Anspruch nimmt, die lebendige Energie und das sieghafte Wesen gegenüber allen Aufgaben und Schwierigkeiten des Lebens begründet.»

Gelassenheit heißt Geschehenlassen «Die überlegene Fassung und Haltung unserer Seele äußert sich in einer tiefen Gelassenheit und Besonnenheit. Gelassensein ruht auf dem Laß-, d. h. Entspannt-sein. Nur wenn man im Tiefsten entspannt ist, gewinnt man die Widerstandsfähigkeit gegenüber dem Reiz, so daß die Selbstmächtigkeit, Selbständigkeit und Selbsttätigkeit, Widerstandskraft und das Vernehmen der inneren Stimme möglich werden. Nur kraft dieser Gelassenheit können wir durch die unmittelbare Fühlung mit der Wirklichkeit in die lebendige schöpferische Spannung zu allem gelangen, was uns begegnet und in Anspruch nimmt, ohne in eine Abhängigkeit zu geraten. Die Gelassenheit läßt unsere Seele zur Geltung kommen, die Erregtheit dagegen nur die Gedanken, Gefühle und Wünsche unseres Ich.»[34]

Es ist bezeichnend, daß Johannes Müller in geistigen Übungen der Selbstversenkung die Gefahr eines Genußstrebens sah, das zu einem Wirklichkeitsverlust durch wahnhafte Vorstellungen führt. Auf dem Gebiet des Sports, der Musik, des Tanzens und der Lebenshaltung befürwortete er allerdings die Systematik des Übens als Möglichkeit, um zum unwillkürlichen Von-selbst-Geschehen zu gelangen. Aber vor willentlicher ‹Arbeit an sich selbst› riet er dringend ab. Wörtlich schrieb er:

Vergebliches Arbeiten an sich selbst «Durch Nichttun von uns aus wird alles von uns durch Gott getan, was sein Wille und sein Werk ist. Sobald das menschliche Tun zum schöpferischen Geschehen wird, ist der Mensch wie neugeboren aus Gott, dem Urgrund alles Seins. Das ist ein Naturvorgang, den wir nur dadurch kennenlernen, daß wir durch unmittelbare Erfahrung praktisch damit vertraut werden.»[34]

«Wir kommen aus dem circulus vitiosus unseres Lebens nicht heraus, wenn uns nicht Gott selbst herausreißt, wenn nicht unser Ich in der Glut des heiligen Geistes den Flammentod stirbt. Alles menschliche Streben ist aussichtslos und unfruchtbar, weil es im Wesentlichen nichts ändern kann. Vielmehr verhaftet es uns immer wiederum dem, was überwunden werden soll. Wir sind verloren, wenn sich Gott nicht unserer erbarmt und uns durch die Kraft seines Geistes sterben und auferstehen läßt.»[39]

Vermählung mit der Wirklichkeit Wie kommen wir zur anderen Seite, der Gemeinschaft mit dem Außenreiz? Die Erfahrung und Beobachtung lehren, daß die meisten Menschen nicht geneigt sind zu üben, vor allem nicht, wenn es sich um Übungen der Stille handelt. Deshalb ist der Aspekt der Empfänglichkeit gegenüber den Wirklichkeitsimpulsen von außen bei Johannes Müller häufiger dargestellt als der, der sich auf die Stille bezieht. Seine Hinweise zielen darauf ab, die Bereitschaft für die Information des Eindrucks zu steigern und dadurch in eine Synthese (= Zusammenfügung) mit der Gott-Wirksamkeit zu gelangen. Diese Gottunmittelbarkeit erwächst aus dem gemeinschaftlichen Leben im Sinn des «Ja zur Wirklichkeit.»[35] Dies war eine der wichtigsten Lebensanweisungen Johannes Müllers.

Jahrzehnte lang war auch Johannes Müller mit der Frage beschäftigt: Was soll ich tun? Er ging zunächst davon aus, daß der Mensch alles tun solle, was ihm möglich ist, damit von selbst geschehen kann, was nicht in seiner Hand liegt. Später hat er erfahren, daß auch dieses Tun nicht weiterführend ist, wenn es nicht aus dem ursprünglichen Empfinden des göttlichen Willens fraglos und spontan hervorgeht. Dann entfällt das ‹Um Zu› als das Kennzeichen des gewohnten, eigentlich aber unspirituellen Zweckdenkens.

Empfänglichkeit Voraussetzung für das gemeinschaftliche Leben ist die Empfänglichkeit des Bewußtseins für die Ursprungsimpulse. Diese Sensibilität wächst durch Hinwenden und Eingehen auf die Wirklichkeit. Das Ja zu ihr bedeutet den Verzicht, etwas anderes haben zu wollen, als das augenblicklich Gegebene. Aus dem Empfang der entsprechenden (Auf-) Gabe geht von selbst deren Erfüllung hervor, wenn der gehorsame Mensch sich in den Dienst des Geschehens stellt. Der Zustand des Bewußtseins – die Empfänglichkeit – wurde zur zentralen Frage des schöpferischen Lebensvollzugs, auf die Johannes Müller in seiner Wegweisung antwortete.

Wer aus einem inneren Antrieb und nicht aus einem selbstauferlegten Zwang seine Aufmerksamkeit dem augenblicklich Gegebenen schenkt, bis ihm dies zur Gewohnheit geworden ist, sammelt erstaunliche Erfahrungen. Ihm wird das Wort in den Sinn kommen: Derjenige kommt am weitesten, der nicht weiß, wohin er geht! Denn er ist stets offen auch für das jeweils Unerwartete. Für Johannes Müller galt deshalb die Regel: «Man muß immer auch anders können, als man vorhatte». Er ging sogar noch einen Schritt weiter: «Nimm Dir nichts vor, dann schlägt Dir nichts fehl»! Es ist eine alte Erfahrung, daß derjenige nicht enttäuscht werden kann, der sich nichts erwartet oder vorgenommen hatte. Dieser ‹Verzicht› bringt den Gewinn der Unmittelbarkeit. Er bedeutet den Ausstieg aus dem Zwiespalt zwischen totaler Gegenwärtigkeit und in die Zukunft schweifender Zielgedanken. Im Augenblick, da das Wünschen und Habenwollen oder deren Abweisen dem reinen Gewahrsein gewichen ist, könnten wir die Wirklichkeit in ihrer ganzen Fülle, Kraft und Schönheit schlagartig er-leben. Wo das Ich augenblicksweise belanglos geworden ist, relativieren sich auch die Zustände, die für das Ich problematisch sind. Ich-Probleme sind ebenso vergängliche und veränderliche Erscheinungen, wie die Wellen an der Oberfläche des Meeres.

Positive Lebenseinstellung
«Der Trick des Lebens besteht darin, daß wir in jedem Augenblick mit ganzer Seele bei der Sache sind und aus dem ursprünglichen Empfinden und Drang leben, der sich dann regt. Durch den entsprechenden Eindruck werden wir im Innersten bewegt. Damit wird dann aus uns das hervorgerufen, was geschehen muß.

Durch diese positive, gläubige, freudige Haltung allem gegenüber werden wir von vielen Vorstellungen, Vorurteilen und Grundsätzen frei. Es geschieht dann etwas, was wir uns weder vornehmen, noch vorher ausdenken können, weil es ja erst in diesem Moment hervorgerufen wird.

Wo du bist, da ist Gott, und nichts tritt an dich heran, in dem Gott dir nicht nahetritt. Ist das so, dann müssen wir alles, worin wir stehen, wichtig und alles, was uns begegnet, merkwürdig nehmen. Die Tiefe der Ehe, die Tiefe des keimenden Wesens in den Kindern, die Tiefe der heimatlichen und weltgeschichtlichen Vorgänge, die Tiefe der Aufgaben, Nöte und Schicksale. Die Tiefe der Wirklichkeit aber ist Gott.

Unser Trachten nach dem Reich Gottes ist eine Wirkung seiner Anziehungskraft, die wir erfahren, und die alle Menschen genauso unversehens erleben wie die Anziehungskraft der Erde. Aber wie diese verlangt, daß wir uns erheben, um Fuß zu fassen und sichere Schritte tun zu können, so erfordert die mannigfache Heimsuchung Gottes, daß wir uns ihm aufschließen, um für sein Wirken und Führen empfänglich zu werden.

Wenn wir aus Gott leben, dann dürfen wir nicht mehr aus dem Denken, Fühlen und Wollen des Ichs leben, sondern aus Seinem Wunsch und Willen, aus Seinen Gaben, Fügungen, Schicksalen und Führungen.»[36]

Heilung durch den Tanz

Johannes Müller sagte öfter scherzhaft: «Wenn ich Arzt wäre und ein Sanatorium betreiben würde, dann gäbe es als Therapie nur Tanzen und Lachen». Das Tanzen war sein Paradebeispiel für die schöpferische Art Leben, das jeder Interessierte durch praktische Schritte an sich selbst ohne jegliche Theologie, Philosophie und Psychologie unmittelbar erleben konnte. Beim Tanzen wird die Musik nicht gedacht, gelesen oder imaginiert, sondern vernommen, empfangen und ge-*horsam* durch den beschwingten Tanzschritt verleiblicht. Unwillkürlich nimmt durch den Geübten ein überzeitlicher Wert als Rhythmus des Schöpferischen von selbst eine beschwingte Gestalt an.

> «Das Leben ist wie eine Melodie, die uns Gott der Herr zum Tanz aufspielt. Warum soll das Leben Mühsal und Arbeit sein, wenn wir tanzend durchs Leben schreiten können? Gehen wir auf die Wirklichkeit des Lebens ein, dann geht die Wirkung dieses Lebens in uns ein.»[37] *Johannes Müller*

Empfänglichkeit für die Musik setzt das schweigende Horchen voraus. Aus dem Ge-horchen geht die Aktivität spontan hervor. Wer nicht schweigt, kann nicht hören und deshalb auch nicht tanzen. Er erlebt nicht, was es heißt, dienendes Ausführungsorgan zu sein.

Der Tanz wirkt sich unmittelbar, auch körperlich, aus. Er kann den Tänzer allumfassend mehr verwandeln, als es Rede,

Buch, Betrachtung, Analyse oder Arbeit an sich selbst fertig bringen. Die Möglichkeit, durch den Tanz über die Grenzen und Mühsal des Ichs erhoben zu werden und Lebensfreude und Glücksbewußtsein entstehen zu lassen, wird durch eine gezielte Gruppentherapie schwerlich so wie im unbefangenen Tanz zu bewirken sein.

Sinn und Wirkung der religiösen Gruppentänze war ursprünglich, durch die Überschreitung von Grenzen (= Transzendieren), den Dualismus zu überwinden, und durch Gemeinschaftsbildung die Heil-losigkeit oder Krankheit zu kurieren. Das geschah durch Potenzierung der individuellen Lebens- oder Glücksenergie im Kraftfeld der Beteiligten, Tänzer und Zuschauer zu einem Ganzen verbindend. Noch heute kann bei Volks- und sonstigen Tanzveranstaltungen die Aufladung der Atmosphäre mit Erwartung, Freude, Stimmung und Beglückung sogar von denen miterlebt werden, die nur dabei sind, ohne zu tanzen und auch solchen, die überhaupt nichts Spirituelles im Sinn haben.

Das Heilmachende des Tanzens besteht aus dem schöpferischen Erwecken der wesenhaften Gegenpole von Weiblichem und Männlichem.

Aber auch äußerlich tritt durch die körperliche Berührung der Wechselstrom zwischen den Polen in Kraft: so wird die Gemeinschaft ohne innere Abgrenzung erlebt. Ist die Aufmerksamkeit der Partner der Musik, als dem Ausdruck des ‹Höchsten› geschenkt, dann kann sich Sympathie und Anziehungskraft (= Eros) vom Habensmodus in den Seinszustand des Glücks erheben. Die Voraussetzung aber ist nicht nur das Können (= Kunst) oder die Beherrschung der Tanzschritte als Voraussetzung für die vollkommene Hingabe an die Musik, sondern auch die durch sie bewirkte Koordination der Tanzbewegungen. Dann erst kann der Tanz den Eindruck eines in sich ruhenden Fließens erwecken, als ein Bild beschwinger Kraft, Anmut und Schönheit. Das aber bedingt sowohl die Ichvergessenheit, als auch die Gemeinschaftsbewußtheit. Sie umfaßt, vereinigt und beeinflußt in einer unendlichen Wechselbeziehung alle anderen Beteiligten, die sich dann auch im Zusammenhang so untereinander geordnet bewegen können, wie die Teilchen im Ganzen. Allerdings muß betont werden, daß das Niveau der Musik maßgeblich dafür ist, ob sich das Optimum des Tanzes einstellt und welche Art Bewußtsein erfahren wird.

Der Rhythmus Der Rhythmus läßt Formen entstehen und vergehen, ohne eine Grenze zu ziehen. Er ist der Vereiniger oder Ergänzer von Gegenwerten. Er ist das Zusammen-Sein von Ruhe und Bewegung, Aufbau und Abbau, Ordnung und Unordnung, Geist und Materie, Ewigem (= harmonikale Gesetzmäßigkeit) und Vergänglichem (Figuren). Der Rhythmus ist die Pforte zur Transzendenz und Transparenz. Er ist das Mittel, um vom Wissen zum Tun und vom Tun zum Sein und vom Sein zum Bewußtsein zu gelangen. Die Übung des Rhythmus macht zum Meister des Lebens.

Der getanzte Rhythmus ist geistige Leibhaftigkeit oder verleiblichter Geist in einem Zugleich von Vernehmen und Tun, Dienen und Beherrschen, Entstehen und Vergehen. Darin macht sich das ordnende Gestaltungsprinzip des Schöpferischen deutlich bemerkbar. So bietet der Tanz die Möglichkeit der Teilhabe am Ewiggültigen, denn der Rhythmus ist die Grundeigenschaft des Lebens. Er ist der Überwinder der Grenzen. Er schafft unbestimmbare Übergangszonen, die ineinander fließen (gr.: *rhythmos* = das Fließen oder, im übertragenen Sinn, das regelmäßige Auf und Ab der Meereswellen; gr.: = *rheein* = strömen). Nur mittels dieses Fließens kann das Bewußtsein des Menschen seine Begrenztheit überschreiten und diese auf das Unbegrenzte ausweiten.

Als sozial organisiertes Wesen vermag sich der Mensch nur in der Wechselwirkung mit seiner Familie, Gruppe, Gesellschaft, Kultur, Natur, Umwelt und dem Kosmos zu dem zu entfalten, was er seiner Bestimmung nach ist. Die unbegrenzte, nicht geteilte Einheit ist ein Bewußtseinszustand, in dem sich der Schwerpunkt des Lebensempfindens weniger beim formal Verschiedenen, als mehr beim wesenhaft Einen, Gemeinsamen, als der alles vereinenden und zusammenhaltenden Seinswirklichkeit, befindet. Das schöpferische Leben ist ein gemeinschaftliches, ganzheitliches, meditatives (= gewahrseiendes) oder ursprünglich religiöses Sein und Geschehen. Schwingung und Rhythmus vereinigen den Geist durch die Leitvermögen der Sinne mit dem Ursprung. Die Sinne sind das, was den Sinn ins Übersinnliche oder zu sich selbst gelangen läßt. Die Klangschwingung ist gleichzeitig das Tor zur Einkehr in die Stille und zur Rückkehr in die Bewegung. Das Materielle eröffnet den Zugang zum Geistigen, denn beides ist letztlich dasselbe.

Die Musik «Nie bin ich so hingegeben und empfänglich, wie wenn ich lebendige Musik höre. Es ist, als ob die durch sie hervorgerufene und rein gestimmte seelische Verfassung förmlich Ströme des Lebens als Offenbarung und Aussaat Gottes an sich zöge und einsaugte.»[38]

«In der Musik erklingen Urlaute des Schöpferischen, die als Worte Gottes an uns ergehen, ohne menschliches Geschwätz. Die Musik ist der Ruf Gottes an die Menschen, heimzukehren zu ihrer eigentlichen Natur, zu ihrem tiefsten Ursprung, zum unmittelbaren Leben und zu der ihnen eigentümlichen Lebensweise als Geschöpf. Die Musik bringt im Menschen eine Steigerung des Lebens hervor. Sie löst körperlich und seelisch. Sie macht das Herz frei von allem Druck und läßt ungeahnte Klarheiten aufgehen.»[39]

«Der Mensch braucht mehr als Theologie, Philosophie und Unterhaltungsliteratur. Er braucht unmittelbares Ergriffenwerden. Die Musik ist mir ein Jungbrunnen der Läuterung, Reinigung, Erfrischung, Ermutigung und des seelischen Aufschwungs. Da vergeht alle Müdigkeit, Abspannung und Verdrießlichkeit. Man vergißt Kummer, Mühsal, Enttäuschung und sich selbst. Und das alles geschieht unmittelbar, ohne Gedanken, Vorstellung und Vorhaltungen, ohne Nachdenken und Nachgrübeln. Wer Musik am tiefsten empfängt, wird sich am meisten davor hüten, den Eindruck hinterher zu zerreden.»[40]

«Die Ehrfurcht vor der Kunst führt uns zur Ehrfurcht vor dem letzten, tiefsten Wesen, das in uns ruht. In der Musik handelt es sich um die Majestät Gottes selbst, die in Erscheinung tritt und uns naht. Wenn aber das Erlebnis nur Genuß bleibt, kann das Empfangene nicht in Leben umgesetzt werden.»[41]

Die Quantifizierung von Musik durch Produktion und Konsum führt nicht zu einer Bewußtseinserfüllung, sondern zu einer Erlebnisverarmung. Musik als Droge, Gewohnheit und Unterhaltung genossen, erschwert die Selbst-Entfaltung.

Mit eintretender Entspannung beim Ruhigsitzen und Schweigen, kommen dann auch beim Hören der Musik Ströme von Gedanken auf. Wie bei der Versenkung kann die Aufmerksamkeit übungsmäßig bis zur Unwillkürlichkeit immer wieder dem Klang als Alternative zugewendet werden. Die Schwingung leitet den Sinn zum Ursprung und Ziel der Töne. Dadurch wird der Klang buchstäblich verinnerlicht. Die Musik von außen wird dann in meditativer Weise innen universal oder gar als Eigenschwingung vernommen. Viele Hörer schließen beim Musikhören die Augen. Andere wollen durch Sehen dabei sein. Bei ihnen kann die Aktivität nicht über eine bestimmte Schwelle absinken. Ihre Aufmerksamkeit ist geteilt.

Die Wirkung ergreifender Musik drückt sich unversehens aus in Dankbarkeit, Liebe, Freude und Glück, die als Kundgebung des Wesens zur Gemeinschaft mit den anderen, dem Leben oder dem Göttlichen drängen. Solches Erleben stärkt, steigert und erweitert das Wesentliche: das Bewußtsein des Selbst.

Kraft der Natur und Ganzheitsbewußtheit Was über die Heilwirkung von Tanz und Musik gesagt wurde, gilt für alle Sinneseindrücke, vor allem aber die der Natur. Bei ihr ist das Eindrucksvolle die Ordnung (= Gemeinschaft des Unterschiedlichen, unendliche Wechselbeziehung) im Einzelwesen, im Vielen und Ganzen, die Schönheit, die Gesundungskraft, das schöpferische und unbeirrbare Werden und Vergehen in gegenseitiger Bedingtheit. Die Natur ist auch in den Städten und Wüsten als das Anschauungsbeispiel des Lebendigen anzutreffen. In jedem Wesen könnte das gemeinsame Sein wiedererkannt werden. Die Natur ist im Gegensatz zu Musik und Tanz oder anderen Künsten immer original und gegenwärtig und – und sei es nur in Gestalt der eigenen Person. Die Natur ist die wortlose und daher nie ermüdende Lehrmeisterin für die Schulung des unmittelbaren Erlebens. Das Fehlen der Willkür macht die Natur zum dynamischen Beispiel eines organischen und universalen Werde-Geschehens von innen heraus, das von einem höchsten Willen bewirkt und gesteuert wird. Wenn wir uns darauf gründen, befinden wir uns in der Obhut des höchsten Fürsorgers. Das zu erleben, ja sich selbst als dazugehörig zu empfinden und damit eins zu wissen, bedeutet Ganzheitsbewußtsein, Ruhen im Göttlichen und unerschütterliche Gelassenheit.

Die Vollkommenheit des Kindwesens Die eindringlichsten Beispiele für das schöpferische Leben aus dem Ursprung sind die Hinweise Jesu auf das Vollkommene im Wesen des Kindes, das mit jedem Neugeborenwerden immer wieder in Erscheinung tritt. Kinder sind wohl die wundervollste Gabe und Aufgabe, die einem Menschen geschenkt werden können. Sie manipulieren nicht an sich herum. Sie verstellen, berechnen, beurteilen und richten nicht. Sie nehmen alles wie es kommt und wie es ist. Sie sind ursprünglich und einfach, so wie sie sind: sie leben unmittelbar aus ihrem reinen, gütigen und immer verzeihenden Herzen. Sie sind frei von allen Attributen, die für das Selbstwertempfinden des Erwachsenen so wichtig erscheinen. Ihre Gottunmittelbarkeit ist Glaube im Sinn eines unumstößlichen Urvertrauens.

Kinder erwecken bei denjenigen Liebe, die sich ihnen unaufdringlich zuwenden. Insofern sind Kinder Erreger des Wesentlichen. Sie sind dadurch die Meister und Lehrer des Lebens für die Erwachsenen. Die solchermaßen geweckte Liebe vermag auch in zunehmendem Maß das Liebenswerte im Erwachsenen zu entbinden. Der Weg dorthin verläuft über das Interesse, die Aufmerksamkeit und Offenheit allen Menschen gegenüber, einerlei ob diese zunächst sympathisch oder unsympathisch erscheinen. Beides gehört zur Realität. Es ist bezeichnend, daß Jesus denjenigen, der ein solches Kind auch nur ‹ärgert› – von kränken gar nicht zu reden – mit einem Mühlstein am Hals dort ins Meer zu ertränken gedachte, wo es am tiefsten ist. Kinder können eine wortlose Lebenshilfe in Konflikten der Eltern sein, wenn diese sich primär an den Belangen ihrer Kinder – als dem Höchsten – orientieren.

Liebe Die Liebe zwischen Eltern und Kindern, aber vor allem auch zwischen Frau und Mann, birgt auf jeder Stufe eine Chance, unversehens vom Heiligen (= Ganzen) überkommen und der Einheit inne zu werden. Das allerdings tritt schwerlich ein, wenn die Beziehung vom Vorteilsdenken, Machtstreben, Besitzenwollen, Bedingungenstellen, Aushandeln und Rechtfertigen überschattet ist. Dann verdeckt das Unbeständige, Wechselhafte und Leidvolle den spirituellen Basiswert.

> «Die göttliche Liebe im menschlichen Herzen ist der Ursprung der Genialität auf allen Gebieten des Lebens. Denn sie kann empfangen und geben in einem. In ihr lebt und wirkt Gott selbst, der dem Gestalt gibt, was Er durch Einfälle und Eindrücke zeugt. Sie ist das unvergängliche Wesen in der menschlichen Existenz und das ewige Leben. Diese Liebe

allein bewirkt das Leben, das erst eigentlich und in Wahrheit Leben ist.»[42]   *Johannes Müller*

Wenn Liebe das höchste Wertschätzungsvermögen darstellt, dann ist sie sowohl die alles scheinbar Verschiedene miteinander verbindende Kraft, als auch die optimale Erkenntnis im Sinn eines allesumfassenden, unbegrenzten oder ungeteilten Bewußtseins (vgl.: «Selig sind die reinen Herzens sind, denn sie werden Gott schauen». Matth. 5,8 – «Liebe deinen Nächsten wie dich selbst!» Matth. 19,19 – «Liebet eure Feinde») Matth. 5,44. Es heißt, daß Gott die Liebe ist. Das aber bedeutet, daß sie das Ein und Alles ist oder daß die Eigenschaft unseres Selbst(-Bewußtseins) auch aus Liebe besteht.

KOSMOS UND CHAOS   Im Griechischen heißt *Kosmos* = Ordnung, Anstand, Schmuck und *Chaos* klaffende Leere des Weltraums. Das Wort bedeutet ungeformte Urmasse der Welt, Auflösung aller Werte, Durcheinander (idg. Wurzel *ghei-* = gähnen, klaffen). In der Physik ist es unerklärlich geblieben, warum in geordneten Strukturen (Flüssigkeit, Rauch, Luft) unversehens chaotische Strukturen entstehen können. Dabei setzt die Gesetzmäßigkeit keineswegs aus, denn die Einzelkomponenten bewegen sich im Gesamtzusammenhang. Offenbar müssen wir unser Ordnungsverständnis um den Aspekt des Chaotischen erweitern. Auch Ilja Prigogine scheint die funktionelle Bedeutung einer dynamischen Unordnung erkannt zu haben, und aus der Psychologie z. B. wird berichtet, daß die nach einer vorausgegangenen Analyse auf der Mentalebene bewirkte Verhaltenskorrektur von der Gefahr begleitet ist, daß die ‹Unordnung› ins Unterbewußtsein verdrängt wird und bei sensiblen Organen zu Funktionsstörungen führen kann. Es sieht so aus, als ob die mit dem Kranksein verbundene Unordnung gleichzeitig das Potential der heilenden Ordnung bereithält und deshalb die Krankheit eine positive Seite aufweist. Es darf nicht ausgeschlossen werden, daß Unordnung eine funktionelle Bedeutung hat, die es durch ein «Ja zur Wirklichkeit» aufzunehmen gilt, damit sie ihren Informationsgehalt übermitteln kann. Die moderne Chaosforschung geht jedenfalls davon aus, daß das Chaos alle kreativen Energien enthält, die für eine Selbstorganisation des Universum erforderlich sind. Warum sollte der Mensch und die Menschheit von der kosmischen Regelkraft ausgeschlossen sein?

ACHTES KAPITEL

Durch Ordnung zum Glück

WAS IST GLÜCK Nach dem Brockhaus ist ‹Glück› ein gesteigertes Lebensgefühl, in dem der Mensch mit seiner Lage und seinem Schicksal bewußt einig ist. Die Geist-Leib-Seele-Harmonie ist von einem glückhaften Wohlsein begleitet. Das Optimale wird dem Minimalen instinktiv vorgezogen.

Erst seit 1180 n. Chr. ist das Wort ‹Glück› in unserer Sprache bezeugt. (Mittelhochdeutsch: *g(e)lücke* = die Art, wie etwas gelingt, schließt, endigt oder gut ausläuft). Dem Sinn nach deckungsgleich mit ‹Glück› war das althochdeutsche *salida*, das mit ‹selig› verwandt ist. Die Glückseligkeit gilt sowohl in der östlichen Weisheit als auch im Christentum als der Gipfel des Lebensbewußtseins.

Wird sich ein Einzelbewußtsein seiner Allheitseigenschaft inne, dann ist es seiner Glücksnatur ge-wahr. (vgl. *human* = glücklicher Schöpfergeist.) In der Bergpredigt werden diejenigen glückselig gepriesen, deren Bewußtsein die Denkgrenzen transzendiert hat (geistlich arm = frei vom Habensmodus, von Gegenständen, Begriffsinhalten, Grenzen und Gegnerschaft). Ein solchermaßen hochgradig empfänglich gewordenes Bewußtsein kann die Anwesenheit Gottes in allem schauen und wertschätzen, nicht aber als einen Zweitwert, sondern als die eigene, totale und einzige Wirklichkeit. Im religiösen Kontext handelt es sich dabei um die Wahrheit. (vgl.: «Die Wahrheit wird euch frei machen.» Joh. 8.32.)

BEWUSSTSEIN, LIEBE UND DENKEN Höchstes Wertschätzungsvermögen ist Liebe. Und Gott, als das Wertgeschätzte, ist auch Liebe (vgl. 1. Joh. 4, 7–8: «die Liebe ist von Gott, denn Gott ist die Liebe»). Die Liebe liebt sich selbst, denn Liebe ist einmalig. Dieses Wertschätzungsvermögen ist auch höchste Erkenntnis, vollkommene Wissenheit oder optimales Glücks-Bewußtsein. Im entsprechenden Seligkeitszustand ist sich das Selbst seiner selbst als dem All-Einigen in der Identität von Liebe, Glück, Bewußtsein und Wissenheit gewahr. Das Selbst ‹weiß› sich selbst ohne ein Zweites. (Das 6. System der indischen Philosophie, die Vedanta, bezeichnet die höchste Wirklichkeit als eine ‹Nicht-Zweiheit›).

Im Glück erkennt der Liebende die Wirklichkeit im Licht des Göttlichen. Wie sollte Gott unbedingt geliebt werden, wenn aus seiner Allheit erst alles Unliebsame ausgeklammert werden müßte? Liebe ist ihrer Natur nach gemeinschaftsorientiert, ganzheitsbezogen, sozial und sogar kosmisch. Wo Feindesliebe herrscht, hat der Unfriede keinen Bestand. Die Liebe ist immer und überall anwesend, auch wenn ihre Wirklichkeit nicht oder nur teilweise bemerkt wird. Sie ist als das Alleinige selbstbezogen und selbsterneuernd, also ursprünglich oder schöpferisch. Sie ähnelt einem Ozean, der es letztlich nur mit sich selbst zu tun hat, mögen die Wellen auch noch so zahlreich sein.

GLÜCK UND LEBENWERT Zum Menschen gehört das Glücksstreben als eine natürliche Kraft, die das Werden seiner Vollendung entgegenführt. Um einen Weg zurückzulegen, der zum «Vollkommensein wie der Vater im Himmel» führt, bedarf es einer bestimmten Antriebsenergie. Es gibt wohl wenige Menschen, die nicht glücklich sein, geliebt werden oder selber lieben möchten. Liebe, Freude und Glück sind unverzichtbar, wenn das Leben einen Sinn und Wert haben soll. Ohne einen göttlichen Glückskern im eigenen Wesen wäre ein der Wahrheit und Würde des Menschen gemäßes Leben nicht möglich. Und ohne Liebe gäbe es keinen Antrieb für die weitere Bewußtseinsentfaltung (= Wirklichkeitsintegration). Auf die Nichtigkeit eines lieblosen Lebens hat der Apostel Paulus eindringlich hingewiesen.

Es liegt auf der Hand, daß die Glücksziele vom jeweiligen Bewußtseinszustand des Menschen bestimmt werden. Ein ausschließlich gegenständlich orientierter Sinn sucht sein Glück bei den Dingen. In dem Maß, wie sich die geistige Sicht erweitert, werden auch die Grenzen des Gegenständlichen überschritten. Das Glücksinteresse verlagert sich vom Vergänglichen und Äußeren dabei in Richtung des Unbedingten, Unvergänglichen, Bleibenden, Inneren. Das äußere Glück ist von der Angst des Verlustes überschattet und der Vor-Sorge, diesen Verlust zu vermeiden. Insofern kann ein Leben in äußerem Reichtum durchaus unerfreulich und unglücklich sein. Wenn es die Bestimmung des Menschen ist, ganz er selbst – also voll bewußt – zu werden, dann wäre der Sinn seines Lebens die Glückssteigerung. Das Gleichnis vom reichen Jüngling vergegenwärtigt die Sehnsucht des Menschen nach dem Glück des Selig-Seins. Was aber vom Glück gesagt ist, gilt ebenso für die Liebe, denn sie ist nur ein anderer Ausdruck.

Einerlei welche Glücksqualität ins Auge gefaßt wird: gibt es Voraussetzungen dafür, daß überhaupt ein Glücksinteresse aufkommen kann? Dazu gehört, daß die Möglichkeiten der Selbsterhaltung und des Überlebens gesichert sind. Das geht aus dem Verb Sein hervor. Im ‹Bin› steckt die altindische Wurzel: *bhu* = sein, werden, entstehen und erzeugen. Unser ‹Bauen und Wohnen› geht auf den gleichen Wortursprung zurück. Um als Mensch auf dieser Erde sein zu können (lat.: *humus* = Erde; *homo* = Mensch) bedarf es einer Behausung, die gebaut werden muß. Sich eine solche als Schutz und Bleibe zu errichten, gehörte neben Nahrungsbeschaffung und Fortpflanzung zu den Urinteressen des Menschen, lange bevor Glück und Seligkeit in Betracht kamen. Beide sind also Zeichen fortschreitender Lebenserleichterung und Bewußtseinsentfaltung.

ORDNUNGSSINN Die Umfrageergebnisse zeigen, daß beim deutschen Bürger auf der Wunschliste an erster Stelle die Gesundheit und an zweiter Stelle der Friede steht. Tatsächlich sind beide die Grundbedingungen dafür, daß sich ein Mensch wohlfühlen kann. In beiden Fällen handelt es sich schlichtweg um Ordnung. Wer nicht in Ordnung ist, fühlt sich nicht wohl, weil es ihm nicht gut geht. Deshalb fragen Menschen in Begrüßungsformeln nach dem Wohlergehen und wünschen einander «Alles Gute». Das Gute also ist die Ordnung und das Sich-darin-Einfügen. Das Gute umfaßt alles. (vgl. «nur einer ist gut!», Matth. 19,17.) Eine ruhende Ordnung liegt dem bewegten Wechselspiel zwischen zwei Polen zugrunde.

Ordnung gilt als das Höchste, wenn wir an die Reich-Gottes- oder Schöpfungsordnung und das schöpferische Ordnungsprinzip denken. Das dem Werden folgende Vergehen paßt allerdings nicht immer in das Schema unserer Ordnungsideale. Eine gestörte Ordnung zieht unweigerlich schmerzliche Leidensfolgen nach sich. Sich an der Ordnung zu orientieren heißt, das Primat des Höchsten anzuerkennen. Auf diese Ordnung zu achten und als «erstes danach zu trachten», bedeutet dem im Leben Wichtigsten Priorität einzuräumen.

GESUNDHEIT Gesundheit ist im allgemeinen Verständnis ein dynamischer Gleichgewichtszustand des körperlichen, seelischen, geistigen und sozialen Wohlempfindens, der weder von Schmerzen, noch Leiden beeinträchtigt wird. Gesundheit gehört zu den von Gesetzgebern formulierten Grundrechten des Menschen. Die Gesundheit ist der Ausdruck des Lebens als eines ganzheitlichen Systems, das sich selbst organisiert.

Krankheit wird als Lebensstörung empfunden oder gar erlitten, die von einem Ungleichgewicht, einer Harmoniestörung der am Gesundheitsgeschehen beteiligten Faktoren verursacht wird. Dieses offizielle Gesundheits-Krankheitsverständnis beruht auf einem dualistischen, nicht aber umfassenden Denken. Die Funktion der Krankheit wird ebenso verkannt, wie die der ‹Sünde›. In einem tieferen Sinn bedeutet Gesundheit, mit sich, seiner Umwelt, seinem Schicksal und mit dem Göttlichen in Einklang zu leben. Das Gott-All umfaßt aber auch alles, was zum Leben gehört – also auch das gelegentliche Kranksein als Gegenpol der Gesundheit. Kinderkrankheiten dienen der Festigung des Immunsystems.

Die verschiedenen Ebenen der Gesundheit sind die individuelle, die soziale, die ökologische und auch die politische. Der Gesundheitsgrad eines Organismus wird maßgeblich von der flexiblen Anpassungsfähigkeit an die veränderten Verhältnisse der in Wechselbeziehung stehenden Bereiche bestimmt. Dazu gehört auch der Streß als das Bemühen des Systems, sich einer plötzlichen Umwelt- oder Gesundheitsveränderung anzupassen.

Wohlsein und Wohlstand sind nicht dasselbe, wie es das Beispiel reicher Länder zeigen kann, wenn negative Lebenshaltung oder individuelle und soziale Neurosen, aber auch Gesundheitsstörungen, das Wohlleben begleiten.

Alles, was von Wissenschaftlern zur Überwindung der Mängel erzielt wurde, hat sich in einem befriedigenden Human-Sein noch nicht ausreichend niederschlagen können. Der allgemeine Bewußtseinshorizont, das Wissen um ein ‹Höchstes› und die entsprechende Nachfolgeschaft sind weiterhin sehr entwicklungsfähig. Wenn im Menschen ein Gesundheitskern mit einer heilenden Ordnungskraft steckt, dann müßte diese Heilquelle entdeckt und zu Vorbeugemaßnahmen angezapft werden können. *Medicus curat, natura sanat* = der Arzt pflegt, die Natur heilt!

Aufschlußreich ist die Sprachforschung, Sankr.: *Swasthya* = gesund. Wörtlich bedeutet es aber: *im Selbst beständig oder gefestigt sein.* Das Selbst ist ein geistiger, medizinisch noch nicht nachweisbarer Faktor, dem zwar in der Psychotherapie, nicht aber im Gesundheitswesen eine grundlegende Bedeutung beigemessen wird. Die Verwirklichung der Selbst-Gesundheit ist nur auf dem Weg Ausbildung im Sinne einer Bewußtseinserweiterung oder Vertiefung zu erwarten. Paracelsus muß, um den Zusammenhang von Selbst, Gesundheit, Bewußtsein, Glück und Liebe gewußt haben, denn er sagte, daß Liebe die beste Medizin sei.

FRIEDENSVERSTÄNDNIS Friede wird in den Nachschlagewerken als ein äußerer Zustand ungestörter Ordnung oder ausgeglichener Harmonie beschrieben, der durch Streit beeinträchtigt und durch Kampf zerstört wird. Deswegen gilt für seine Sicherung das Verbot der Gewaltanwendung.

Aus der Sprachkunde erfahren wir, daß das Wort Friede seine Wurzel hat im altindischen *priti-h* = Freude, Befriedigung. Ein Zusammenhang besteht mit ‹frei›, das auf das indogermanische *prai* zurückgeht mit der Bedeutung von ‹schützen, schonen, gernhaben, lieben›. Das altindische *priya-h* bedeutet lieb, erwünscht, Geliebter, Gatte. Friede enthält demnach in seiner umfassenden Grundbedeutung die Eigenschaft von Liebe, Freiheit, Gemeinschaft, Schutz und Ordnung. Gerade von diesen Lebenswerten wird das humane Wesen angezogen und angesprochen.

Der Mensch ist wesenhaft auf Harmonie, Gesundheit, Frieden und Ordnung angelegt. Schon in der Frühzeit war er bemüht, sich der schöpferischen Ordnungsmacht anzupassen, indem er sich moralische Ordnungsstrukturen schuf. Das Ordnungsstreben gipfelte im heutigen Verordnungswesen der Bürokratie. Durch jeweils endgültige letzte Kriege und zahlreiche Verträge sollte eine dauerhafte Friedensordnung gewährleistet werden, um schließlich die Reich-Gottes-Ordnung auf Erden verwirklichen zu können.

«Ordnung kann nur aus der inneren Sammlung entstehen, die heute in der sich ständig steigernden Hast verloren geht.»[43]
C. J. Burckhardt

Die Wechselrhythmen der Natur bestimmen mit ihren Gegenkräften gemeinsam das Leben des Menschen. Er ist vegetativ-biologisch ein Rhythmiker und existenziell ein Harmoniker wegen seiner harmonikalen Begabung auf den Gebieten der Sprache, Musik, Tanz sowie durch seine Fähigkeit zu lieben. Liebe schafft die Harmonisierung des Unterschiedlichen zwang- und gewaltlos. Als ein höchster Ordnungswert ist der vollendete Rhythmus nicht nur darstellerisch eine leibhaftige Wirklichkeit, sondern auch eine seelische Glückserfahrung oder eine glückhafte Seins-Bewußtheit.

Der Mensch ist zwar bi-polar organisiert, seinsmäßig aber nur ein Selbst. Die Ausgewogenheit von Männlichem und Weiblichem ist die Voraussetzung für die Harmonie des inneren Friedens. Tatsächlich bezieht sich das religiöse Friedensverständnis auf den inneren Frieden in und mit Gott, unabhängig von äußeren Turbulenzen. Äußerer Friede kann nur Ausdruck innerlich zufriedener, von Gott erfüllter Menschen sein.

Der eigentliche Stören-fried ist die Angst. Sie wird als das leidvollste Übel angesehen. Sie nährt sich aus dem existentiellen Unsicherheitsgefühl, mobilisiert Abwehr- und Aggressionsmechanismen und aktiviert dabei auch das destruktive Gewaltpotential des Menschen bis zum Mord und Totschlag auf der individuellen oder gar kollektiven Ebene in Gestalt von ethnischen, religiösen oder machtpolitischen Kriegen feindseliger Gruppen. Seiner Herkunft nach bedeutet das Wort Angst soviel wie Enge, Klemme, Beklemmung, Bange (indogerm.: *angh* = eng, einengen, zusammenschnüren). Und die Grundlage der Angst ist die Furcht vor dem Tod als einem unwiederbringlichen Ende, einer leidvollen Trennung und einem unersetzlichen Verlust. Angst ist die Begleiterscheinung des ‹Habensmodus› oder das Kennzeichen des Ichmenschen. Sie ist das Grundproblem des separaten und sicherheitsbedachten Ich. Ein entsprechend eingeschränktes Kollektivbewußtsein ist am kritischen Zustand der Welt ursächlich beteiligt.

Die psycho-biologische Funktion der Angst bestand ursprünglich darin, den Organismus in einen Alarmzustand zu versetzen, um durch Flucht oder Angriff eine Lebensbedrohung abzuwenden. Obwohl sich die Lebensbedingungen seit der Urzeit grundlegend geändert haben, wirkt sich noch heute die Angst weiterhin in Herzklopfen, Schweißausbruch, Atemnot, Panik, Beklemmung und Adrenalinstößen aus.

Die Angst vor dem Krieg, seinen Schrecken, Unmenschlichkeiten und Qualen geht letztlich auf die Angst vor dem Nicht-Überleben oder den Tod zurück. Hinzukommt eine traumatische Komponente, denn kaum einer Generation ist das persönliche Kriegserlebnis erspart geblieben. Pazifismus ist deshalb keineswegs als Zeichen der Lebensschwäche zu bewerten, sondern eines Über-Lebenswillen in einem Zustand, der sich ‹über› dem bisherigen Lebensniveau befindet.

Das Wort Krieg hängt zusammen mit ‹kriegen›, bekommen, erlangen. Das gegenständliche Denken und Wollen richtet sich auf das Habhafte, das es zu besitzen und festzuhalten gilt. Insofern könnte der Krieg zur derzeitigen Durchgangsstufe gehören, durch seine Schrecken uns auf die habensfixierte Lebensweise aufmerksam zu machen und das Vermögen zum Human-Sein auszu-bilden. Humanität bedeutet edler, sittlicher, hilfsbereiter, barmherziger, gewaltloser und duldsamer Mensch zu sein. Gleichzeitig sind allein wir Menschen die einzige Spezies – im Gegensatz zu den Tieren – die brutale Vernichtungskriege führt und damit das Gegenteil von Menschlichkeit, Kultur und Moral bezeugt. Kräfte und Gegenkräfte!

Während früher eine konkret eingetretene Lebensgefahr die Abwehrreaktionen fallweise und vorübergehend – wie heute noch bei Tieren – ausgelöst hat, besteht heute ein dauerhafter Unruhe- und Reizzustand der Ängstlichkeit aufgrund von Zukunftsbefürchtungen, die sich alle auf einen nur gedachten, vielleicht möglichen, nicht aber tatsächlichen Verlust, beziehen: den Verlust des Lebens, des Nächsten, der Gesundheit, des Prestiges, der Macht, des Wohlstands oder den durch Weltuntergang bedingten. Die Sorge vor einer derartigen ‹Einschränkung› drückt sich in der Negativität, im Zweifeln, Mißtrauen, Schwarzsehen oder der Niedergeschlagenheit und Hoffnungslosigkeit aus mit allen krankmachenden Folgen. Angst ist die wohl hartnäckigste Voreingenommenheit und als solche das größte Hindernis für das unmittelbare, ganzheitliche und wahrheitsgemäße Glücks-Erleben der Wirklichkeit.

So gesehen ist Angst eigentlich Unwissenheit hinsichtlich dessen, was ist und was kommt. Hinzu tritt das Gefühl der Schwäche, *nämlich* der befürchteten Situation nicht gewachsen zu sein. Weil sich der Schwache unsicher und bedroht fühlt, baut er sich Abwehr- und Machtpositionen auf, mittels derer er den vermuteten Gegner abschrecken und diesen in die Angst vor Vergeltung versetzen möchte.

Solange der Mensch nur sein Ich, den Körper und seine geschichtliche Person als die alleinige Wirklichkeit anerkennen kann, bleibt der (Ich)-Tod das Bedrohlichste. Deshalb versucht sich der solchermaßen begrenzte Mensch mit einem Instrumentarium von Mitteln zu sichern, die ebenfalls zum Bereich des Vergänglichen gehören. Weder Macht noch Reichtum, aber auch nicht Religion, Selbsteinrede, Wissenschaft, Logik und Willensanstrengung vermochten den Fortbestand von Angst und Unsicherheit zu beenden. Der erzwungene Mut kann die Angst vorübergehend verdrängen, nicht aber beseitigen. Dazu ist die Einführung eines zweiten, nicht dem Bedingten zugehörigen Elements erforderlich.

Weil sich Angst als Unruhe und Gespanntheit bemerkbar macht, können Ruhe und Entspannung schrittweise Abhilfe schaffen. Ein entspannter Mensch ist ohne Angst. In überzeitlichen, gegenstandslosen und ichvergessenen Augenblicken bewußter Stille ist Angst nicht gegenwärtig. Der Wandel durch die Stille läßt das Bewußtsein des Gefeitseins, der Unberührbarkeit, der Sicherheit, der Gelassenheit, des Urvertrauens und der Geborgenheit in einer allesumfassenden Ganzheit entstehen (indogerm.: *bhergos* = Berg, Burg, Höhe, Ufer, im Sinn von Geborgenheit, Bergen, Rettung und Schutz). Wer auf der Höhe sein und nicht in der Depression bleiben will, muß sich auf das Höchste einlassen und diesem anheimgeben. Wenn Jesus die verängstigten Menschen zum Ausruhen und zur Christusnachfolge eingeladen hat, dann wies er damit den Weg zum angstfreien Selbst. Seine Botschaft war eine der Freude und des Vertrauens, nicht aber der Angst, der Verzweiflung und des Leidens. (vgl.: «... daß ihr in mir den Frieden habet. In der Welt habt ihr Angst; aber seid getrost, ich habe die Welt überwunden». Joh. 16.33.)

Jesus hat sich mit seiner Feststellung, daß sein Reich nicht von dieser Welt sei, keineswegs zu einem Befürworter der Weltflucht oder der Lebensverneinung gemacht. Schließlich lehrte er «Dein Wille geschehe auf Erden, wie im Himmel». Etymologisch geht ‹Welt› auf die indogermanische Wurzel *al* = wachsen, nähren zurück. Das entsprechende Werden ist ein Alterungs- oder Reifungsprozeß, der seine Zeit braucht. Die Weltüberwindung ist in Wirklichkeit ein Freiheitszustand des Bewußtseins, das vom Einfluß der Gebundenheit an die Flüchtigkeit des Weltlichen oder Gegenständlichen nicht mehr eingeschränkt wird. Der Versuch, sich vor derartigen Welt-Eindrücken durch das Zurückziehen in die Einsamkeit oder in elitäre Kommunen – im Interesse eines persönlichen Seligwerdens – abzukapseln, ist recht exklusiv und eigentlich egozentrisch. Jesus jedenfalls setzte sich der Welt und ihren Menschen aus, um das in ihren Seelen ruhende und dennoch dynamische Christuswesen zu wecken. Dieses steht in seiner Gott-Einigkeit über der Angst und jenseits einer Gegnerschaft. Nicht der Konflikt, sondern die ‹Religio› verbindet das Entzweite. Die in einem entfalteten Bewußtsein freiwerdende Feindesliebe vermag das Unliebsame, das Feindselige, das Bösartige, das Sterbenmüssen, die Ängstlichkeit, das Kreuz oder den Spannungszustand, in sich aufzuheben und aufzunehmen, also auch das gedanklich Getrennte wesenhaft miteinander zu vereinen. Jesus empfahl die Unterscheidung, nicht aber das Urteilen und Haften am Vergangenen. So unterschied auch er zwischen einem gemachten Frieden des Menschen und dem durch die Macht Gottes bewirkten.

BEDEUTUNG DER UNTERSCHEIDUNG «Ich bin nicht gekommen, Frieden (auf Erden) zu bringen, sondern das Schwert. Denn ich bin gekommen den Menschen zu erregen wider seinen Vater und Tochter wider ihre Mutter... Und des Menschen Feinde werden seine eigenen Hausgenossen sein. Wer Vater und Mutter mehr liebt denn mich, ist meiner nicht wert. Und wer sein Kreuz nicht auf sich nimmt und folgt mir nach, der ist mein nicht wert. Wer sein Leben findet, der wird's verlieren; und wer sein Leben verlieret um meinetwillen, der wird's finden». (Matth. 10.34 ff.).

Das Schwert Jesu unterscheidet die beiden Arten der Friedens-Ordnung. Wenn beide nicht miteinander harmonieren, entsteht Spannung. Diese ist sogar das Kriterium des Wirksamwerdens eines Christusbewußtseins, da ein Gefälle zum allgemeinen Bewußtsein entsteht. Der Grund für die Ermordung vieler Heiliger war meistens der geistige Niveauunterschied. «Selig sind, die um Gerechtigkeit willen verfolgt werden, denn das Himmelreich ist ihrer. Selig seid ihr, wenn euch die Menschen um meinetwillen schmähen und verfolgen...» (Matth. 5.10. und 11.). In der östlichen Weisheit gilt das Schwert als Symbol für die Unterscheidung zwischen Schein und Wirklichkeit. Es zerstört die dualistische Vorstellung einer geteilten Wirklichkeit und schafft das Bewußtsein der totalen Einheit.

VEREINIGUNG STATT ENTZWEIUNG Ein an das rein dualistische Denken gewöhnter Mensch muß aus den Worten Jesu auf einen kompromißlosen Kampf und ein radikales Entweder-Oder schließen – so wie es zur moralischen Tradition des Christentums gehört. In der Botschaft Jesu geht es indes nicht um Teile, Parteien, Grenzen und Gegensätze, sondern um das Ganze. Das Beispiel für die Überwindung des teilenden Denkens ist ja das Liebesgebot und die Aufforderung zur Versöhnung sowie zum Verzicht auf Verurteilung und Gegnerschaft. In der Tat kann sich der Frieden nicht durch Abgrenzung von etwas anderem, sondern nur durch dessen Einbeziehung erfüllen. Wo anders sollte das Verschiedene aufgehoben sein, als in der Ganzheit des Einen? Ohne derartige Grenzen ist das Sein, aber auch das vollkommene Bewußt-Sein. Insofern erweist sich das harmonisierende Ordnungsprinzip als der Schlüssel zum Glück. Die Sehn-Sucht nach dem Frieden ist dann nicht die Suche auf Seiten des Menschen auf der Ebene des dualistischen Denkens, sondern die Suche Gottes nach dem Menschen. Es ist die Vermählung des wesenhaft Vollkommenen mit sich selbst, trotz der formalen Verschiedenheit. Ein Leitspruch Johannes Müllers war: «Nicht Kampf mit dem Leben, sondern Vermählung mit dem Schicksal».

BERGPREDIGT Jesus verkündete den Frieden der Reich-Gottes-Herrschaft als die gegebene Möglichkeit eines wahrhaft humanen Seins. Er pries die Friedfertigen, Barmherzigen und Sanftmütigen glück-selig. Ihnen wurde das uneingeschränkte Bewußtsein bescheinigt, weil sie in der Ordnung waren. Der Ausdruck des humanen Selbst ist die spontane Liebe, Barmherzigkeit, Sanftmut oder Gewaltlosigkeit. Jesus ging also von einem eingeborenen Ordnungsvermögen aus, dessen Entfaltung zum höchsten Glück – dem Seligsein – führt.

ÖSTLICHES GLÜCKSVERSTÄNDNIS Als Voraussetzung für die Glückseligkeit gilt der innere Friede, weil seine Ordnung die Grundlage für ein allesumfassendes Gewahrsein ohne Grenzen ist. Daraus ließe sich folgern, daß sich letztlich alles Ordnungsstreben auf das Glück richtet, und dieses nur im Frieden gefunden werden kann. Er ist das ‹Vollkommene› (= Ganze, Heile) im Wert des eigenen Selbst.

> Höchstes Glück kommt nur zu dem,
> dess' Geist in tiefem Frieden ruht,
> in dem der Drang zur Eigenmächtigkeit gestillt
> und der dem Ewigen in Reinheit gleich geworden ist.
> (Bhagavad-Gita IV. 27).

Dem Ewigen in Reinheit beschaffenheitsgleich geworden zu sein, entspricht dem Gebot Jesu, vollkommen zu sein, wie der Vater im Himmel (vgl.: «Ich und der Vater sind eins»). Der Gesichtspunkt der Vollkommenheit des Friedens begegnet uns im hebräischen Wort *Shalom* = Frieden, das auch Vollkommenheit bedeutet. Der umfassende Friede ist nicht nur die Versöhnung mit dem äußeren Gegner und dem inneren, sondern überhaupt das Ende von Zwist und Zwiespalt. Das aber bedeutet nicht, daß die natürlichen Anziehungs- und Abstoßkräfte von Ergänzungswerten mißachtet oder moralisch wertverschieden beurteilt werden sollten.

DIE GLÜCKSSUCHE Wenn die innere Ordnung Voraussetzung für das Glück ist, dann kann das Glück nur dort ent-deckt werden, wo sich der Sucher befindet. Die allgemein menschliche Regel aber ist, es dort zu suchen, wo er sich nicht befindet. Die Frage nach dem Glück vertieft sich zur Frage nach dem Sucher.

> «Je weiter weg sie in die Ferne schweifen,
> um so weniger finden sie, was sie suchen.
> Sie gehen wie einer, der den Weg verfehlt:
> je weiter er geht, um so mehr geht er in
> die Irre. Aber, was soll er tun? Er soll
> zuerst sich lassen, dann hat er alles
> gelassen.» (Meister Eckhart, Rede 3).

Zu dem von Jesus gebotenen Vollkommenheits- oder Heilzustand des Bewußtseins gehört das Erfülltsein vom göttlichen Sein und die Zu-friedenheit mit seiner Herrschaft. Dieses Friedensglück be-inhaltet die Fülle alles Gegeben und dessen volle Annahme. Es gibt dann nichts mehr, das etwa außerhalb oder woanders zu wünschen oder zu verwünschen wäre. Deshalb redet der Volksmund von einem Wunschlos-

Glücklich-Sein. Es ist der Seinszustand, in dem eine gedankliche Trennungslinie zum Glücksgehalt des Allbewußtseins nicht mehr besteht. In diesem Sinn ist Glück das Innesein der allgegenwärtigen Lebens- oder Gottfülle. Dieser Glücks-Friede beendet das Angstgefühl, weil dann das Innesein alles umfaßt, also etwas Seins- oder Lebenswidriges als Außeneinwirkung nicht zu befürchten ist. Das ist nichts anderes als Urvertrauen.

Schiller hat in seiner Schrift: «Über das Vergnügen an tragischen Gegenständen» als Zweck der Natur die Glückseligkeit des Menschen genannt und damit an die Wiederherstellung der Lebensordnung als Ausgleich von Gegensatzspannungen gedacht[44]. Der Mensch ist nicht auf Auseinander-Setzung, Krieg und Konflikt angelegt, sondern auf Ordnung, Gemeinschaft, Frieden, Liebe und Glückseligkeit.

> «Die Leute, die da Frieden suchen in äußeren Dingen, sei's an Stätten oder in Weisen, bei Leuten oder in Werken, in der Fremde oder in Armut oder in Erniedrigung – wie eindrucksvoll oder was es auch sei – das ist doch alles nichts und gibt keinen Frieden. Sie suchen völlig verkehrt, die so suchen.
> (Meister Eckhart, Rede 3)

Anmerkungen

1 Gebser, J.: Ursprung und Gegenwart, Stuttgart 1966.
2 Jacobi, J.: Die Psychologie von C. G. Jung, Zürich 1951, S. 12.
3 Steiner, R.: Theosophie, Stuttgart 1904.
4 Prigogine, J.: Vom Sein zum Werden, München 1985.
5 Sheldrake, R.: Das schöpferische Universum, München 1983
6 Lovelock, J.: Unsere Erde wird überleben, München 1985.
7 Wilber, K.: Halbzeit der Evolution, Bern, München, Wien 1984, S. 366.
8 Müller, J.: Grüne Blätter, Bd. 42, S. 61, Elmau.
9 Daur, R.: Wie im Himmel so auf Erden, Stuttgart 1981, S. 138.
10 Govinda, A.: Grundlagen Tibetischer Mystik, München 1979, S. 28.
11 Müller, J.: Brief an Domprediger M. Gerner-Beuerle, Bremen, März 1948.
12 Satprem: Der Mensch hinter dem Menschen, München 1981, S. 86.
13 Jung, C. G.: Zitat aus Alt, F.: Das C. G. Jung Lesebuch, Olten, 3. Auflage, 1984, S. 321.
14 dto., S. 322.
15 Wilber, K.: Halbzeit der Evolution, Bern, München, Wien 1984, S. 333.
16 Steiner, R.: Geheimwissenschaft im Umriß, Dornach, 6. Auflage, 1985, S. 222.
17 Aurobindo: On Yoga, Pondicherry, 1955, S. 706.
18 Stachel, G.: Ungegenständliche Meditation, Mainz, 2. Auflage 1980, S. 304, S. 302.
19 Govinda, A.: Grundlagen Tibetischer Mystik, Frankfurt 1979, S. 199.
20 Stachel, G.: Ungegenständliche Meditation, Mainz, 2. Aufl. 1980, S. 301.
21 Prigogine, J.: Vom Sein zum Werden, München, Zürich 1983. Blakelslee, Th. R.: Das rechte Gehirn, Freiburg 1982, S. 3 (Vortext).
22 Orme-Johnson u. .a.: vgl.: MERU Report, Weggis 1976, Nr. 7603 und 1977, Nr. 7701.
23 Maharishi Mahesh Yogi: On the Bhagavad-Gita, Harmondsworth 1965, S. 396.
24 Govinda, A.: Grundlagen Tibetischer Mystik, Frankfurt 1979, S. 13.
25 Inayat Khan H.: in: Hamel, P. M.: Durch Musik zum Selbst, Kassel, 2. Aufl. 1981, S. 198.

26 Müller-Elmau, B.: Kräfte aus der Stille, Düsseldorf 1984, S. 161.
   Müller-Elmau, B.: Heilung durch das Selbst, Fellbach 1981, S. 121.
27 Vivekananda, Gladenbach 1979, S. 60
28 Eckhart, M. zitiert aus der Zeitschrift «Esotera»: «Die Geburt Gottes in der Seele» von Zeisel, J., Freiburg, Jahrg. 36, Nr. 11, 1984.
29 Anonymus, Auszüge aus: Vom Weg des Schweigens, Köln 1975.
30 ZDF «Zeugen des Jahrhunderts», April 1985.
31 Müller, J.: Zitat aus B. Müller-Elmau, Vom Wesen der Elmau, Elmau 1980, S. 12.
32 Müller, J.: Jesus aktuell, Freiburg 1976, S. 42.
33 Daur, R.: an B. Müller-Elmau, 6.12.1974.
34 Müller, J.: Meisterung des Lebens, Elmau 1980, S. 32 ff.
35 Müller, J.: Buchtitel, O. W. Barth-Verlag, Weilheim, 1963.
36 Müller, J.: Zitate aus B. Müller-Elmau, Vom Wesen der Elmau, Elmau 1980, S. 54, 26, 27, 68.
37 Müller, J.: Silvestervortrag, Elmau 1939.
38 Müller, J.: Gegen den Strom, Elmau 1953, S. 300.
39 Müller, J.: Unveröffentlichte Spruchsammlung aus Vorträgen.
40 Müller, J.: Unveröffentlichte Spruchsammlung aus Vorträgen.
41 Müller, J.: Unveröffentlichte Spruchsammlung aus Vorträgen.
42 Müller, J.: Ja zur Wirklichkeit, Freiburg 1977, S. 57.
43 Burckhard, C. J.: Zitat aus «Die Welt», Hamburg, 17.9.1983.
44 Friedrich, H.: Kulturverfall und Umweltkrise, München 1982, S. 44.

Literaturhinweise

Albrecht, C.: Das mystische Erkennen, Bremen 1958
Alt, F.: Friede ist möglich, München 1983
ders.: Liebe ist möglich, München 1985
ders.: Jesus der erste neue Mann, München 1990
Aurobindo: The Life Divine, I. II. 6. Ausg. Pondicherry 1970
Bermann, M.: Wiederverzauberung der Welt, München 1983. Der Weg zur wahren Menschwerdung, Grafing 1986
Björkman, R.: Das Ewige im Menschen, Freiburg 1982
Blakeslee, Th. R.: Das rechte Gehirn, Freiburg 1982
Capra, F.: Der kosmische Reigen. Physik und östliche Mystik. Bern/München/Wien, 2. Aufl. 1978
ders.: Wendezeit – Bausteine für ein neues Weltbild, Bern/München/Wien 1983
Ditfurth, H. von: Wir sind nicht von dieser Welt – Naturwissenschaft, Religion und die Zukunft des Menschen, Hamburg 1981
Dürckheim, K. Graf: Der Weg, die Wahrheit, das Leben, München 1981
ders.: Meditieren – wozu und wie, Freiburg 1976
Ferguson, M.: Die sanfte Verschwörung, Basel 1982
Gebser, J.: Verfall und Teilhabe, Salzburg 1974
ders.: Ursprung und Gegenwart, Stuttgart 1966
Govinda, A.: Grundlagen tibetischer Mystik, Weilheim 1972
ders.: Mandala, Zürich 1973
Hamel, P. M.: Durch Musik zum Selbst, München 1980
Harnack, A. von: Das Wesen des Christentums, Leipzig 1900
Hesse, H.: Mein Glaube, Frankfurt 1974
Hunke, S.: Europas andere Religion, Düsseldorf 1969
Illies, J.: Selbstdarstellung des Lebendigen, Zeitschrift ‹Natur›, München 1981
Jung, C. G.: Bewußtes und Unbewußtes, Frankfurt 1972
ders.: Psychologie und Religion, 4. Aufl., Ges. Werke XI, Zürich 1962
ders.: Lesebuch. Zusammengestellt von: F. Alt, Freiburg 1983
Krishnamurti, J.: Gespräche über das Sein, München, 2. Aufl. 1982
Laotse: Tao King, München, 4. Aufl. 1981
Le Saux, H.: Der Weg zum anderen Ufer, Düsseldorf–Köln 1980
Lionel, F.: Abendland Hüter der Flamme, Remagen O. J., 1978
Lorenz, K.: Der Rhythmus als Zeitgeschehen, Remscheid 1980
Maharishi Mahesh Yogi: On the Bhagavad-Gita, Kommentar, Stuttgart 1965
ders.: The Science of Being and Art of Living, Stuttgart 1966

Mangold, U.: Wege der Meditation heute, Weilheim 1970
dies.: Meditation und Kontemplation aus christlicher Tradition, Weilheim 1966
Massa, W.: Kontemplative Meditation, Mainz, Aufl. 1978
Memmerich, G.: Zeitwende – durch eine neue Biologie, Metaphysik und Medizin, Buxheim 1979
Mehta, P. D.: Holistic Consciousness, Shaftsbury, 1989
Mildenberger, M.: Die religiöse Revolte, Frankfurt 1979
Morawitz-Cadio, A.: Spirituelle Psychologie, Wien 1958
Müller, J.: Die Bergpredigt, München 1929
ders.: Gott, München 1922
ders.: Meisterung des Lebens, München/Basel 1962
ders.: Hemmungen des Lebens, München/Basel 1956
ders.: Jesus der Überwinder der Religionen, München/Basel 1954
ders.: Der Weg, Elmau 1923
ders.: Jesus aktuell, Freiburg 1976
ders.: Ja zur Wirklichkeit, Weilheim 1963
ders.: Was es heißt, ein Mensch zu sein, Düsseldorf 1975
Müller-Elmau, B.: Vom Wesen der Elmau, Elmau, 5. Aufl. 1977
ders.: Kräfte aus der Stille, Düsseldorf 1984
ders.: Heilung durch das Selbst, Fellbach 1981
ders.: Vom inwendigen Christus, Elmau 1982
ders.: Selbst-Bewußt-Werdung, Gladenbach 1982
ders.: Darum sollt ihr vollkommen sein, München/Basel 1982
Mukerji, D. G.: Das Antlitz des Schweigens, München 1957
Muktananda: Spiel des Bewußtseins, Freiburg 1975
Lassalle, E.: Zen-Meditation für Christen, Weilheim 1969
Ouspensky, P.: Vom inneren Wachstum des Menschen, Weilheim 1951
Otto, R.: West-östliche Mystik, München 1971
Patanjali: Die Wurzeln des Yoga, München 1976
Pelletier, K. R.: Unser Wissen vom Bewußtsein. Eine Verbindung westlicher Forschung und östlicher Weisheit, München 1982
Popper, K.: Das Ich und sein Gehirn, München 1982
Ramana Maharshi: Talks, Sri Ramanmasramam, Tiruvannamalai. Gespräche des Weisen vom Berg Arunachala, Interlaken 1984
Püschel, R.: Selbst-Transformation, Gladenbach 1981
Ramakrishna: Das Vermächtnis, München 1982
Rogers, C.: Der Neue Mensch, Stuttgart 1982
Russel, P.: Die erwachende Erde – Unser nächster Evolutionssprung, München 1984
Satprem: Der Mensch hinter dem Menschen, München 1982
Sheldrake, R.: Das schöpferische Universum, München 1983
Schöfer, W. von: Was geht uns Noah an. Aus dem Unbewußten der Sprache, München 1968

Sinkler, L.: Der geistige Lebensweg von J. S. Goldsmith, Schopfheim 1978
Stachel, G.: Ungegenständliche Meditation, Mainz 1980
Steiner, R.: Geheimwissenschaft im Umriß, Dornach 1910
Trampler, M.: Heilung durch die Kraft des Geistes, Interlaken 1983
Veltheim-Ostrau, von H. H.: Atem Indiens, Hamburg, 4. Aufl., 1965
Vester, F.: Neuland des Denkens, München, 2. Aufl. 1985
Wehr, G.: C. G. Jung, Hamburg, 4. Aufl., 1969
ders.: Christusimpuls und Menschenbild, Freiburg 1974
Weinreb, F.: Traumleben I, München 1979
Wilber, K.: Halbzeit der Evolution, Bern, München, Wien 1984
ders.: Wege zum Selbst, München 1984
Wuketis, F. M.: Biologie und Kausalität, Berlin 1982

Weitere Bücher aus dem N.F. Weitz Verlag

Karlfried Graf Dürckheim
TON DER STILLE
64 S., engl. brosch. u. fadengeb., DM 16,80

Natur, wo sie ganz bei sich selber ist, hat Stille um sich. So ein Baum, einfach, wie er da steht und gar nichts anderes will. Oder ein Reh, das äst, ganz versunken in seiner Weise, Nahrung aufzunehmen. Oder ein Kind, das mit ungeheurem Ernst seinem Spiel hingegeben ist, ganz darin verwoben – da ist Stille, Leben bei sich selbst.

Wenn in der Begegnung zwischen Menschen die Wirklichkeit des Wesens anklingt, gewinnt die Stille zwischen den gesprochenen Worten an Gewicht. Der Ton der Stille wird hörbar, das Ungesprochene zwischen dem Gesprochenen, das Schweigen zwischen den Tönen. Die Worte geben der Stille ihren Gehalt und die Stille den Worten ihr Leben. »Das Wort, das trägt, kommt aus dem Schweigen« (Picard).

Der Ton des Seins erklingt ohne Unterlaß. Die Frage ist, ob wir als Instrument so gestimmt sind, daß er in uns widertönt und wir ihn hören ...

»TON DER STILLE« vereint eine Sammlung von 42 meditativen Sprüchen, die durch zahlreiche Kreis- und Bambuszeichnungen Graf Dürckheims illustriert werden.

»Dem leidenden Menschen können diese Aphorismen helfen, sich, aus welchem Leid auch immer, wieder aufzurichten.«

DNZ

N.F. WEITZ VERLAG · AACHEN

Weitere Bücher aus dem N.F. Weitz Verlag

Erika Albrecht
IM EWIGEN JETZT
Erfahrung lebendiger Eckhart-Mystik
Mit einem Vorwort von Prof. Dr. Karlfried Graf Dürckheim
170 S., Lit.-Verz., engl. brosch. u. fadengeb., DM 28,-

IM EWIGEN JETZT will eine Begegnung mit Meister Eckhart vermitteln: mit einem Menschen, der aus dem Schwergewicht seines Ewigkeitsgehaltes lebte, ihn auf seine Umwelt übertrug, in der Verschmelzung sowie im Zusammenprall beider sein Schicksal erfuhr. Der Meister lebte nicht nur in seiner historischen Umwelt. Noch immer ist Welt um ihn. Auch heute gibt es Menschen, die er in seine Ewigkeitssicht wie in eine letztmögliche menschliche Urverwandtschaft aufnimmt. Den zeitlosen Hintergrund seiner Welt durchsichtig zu machen, ist daher die weitere Absicht dieses Buches.
Das Wort Mystik wird heute zumeist in abwertendem Sinne gebraucht als eine gedankliche Verschwommenheit. Hier geht es um die Grundbedeutung des Wortes, um das reale Innenerlebnis der mystischen Schau, der unio mystica, Einswerdung der Seele mit dem Göttlichen, das die Grenzen eines aussagbaren Sinngehaltes übersteigt.
Das Werk fußt auf breiten wissenschaftlichen Vorstudien der Verfasserin. Der persönliche Zugang der Autorin zur Welt der Mystik schimmert überall durch und gibt dem Buch Lebensnähe und Wärme.

»Dies ist ein neuartiger Versuch, dem heutigen Menschen die Mystik Meister Eckharts nahe zu bringen: Unter den drei Titeln *Der Generalvikar – Der Meister – Der Angeklagte* werden mehr als zwanzig Szenen dargeboten, in denen Eckhart ausführlich zu Worte kommt.«
Dr. F. Melzer/Meditation

»Es ist zu begrüßen, daß eine Frau wie Erika Albrecht, in der sich die Tiefe der Erfahrung mystischen Erlebens verbindet mit der Sachlichkeit des historischen Gelehrten und der Bildkraft des Dichters, den Mut hat, uns Meister Eckhart in so zeitnahen Bildern begegnen zu lassen.«
Karlfried Graf Dürckheim

»»Ein Geist wie Meister Eckhart stirbt nicht, er lebt«, und das ist es, was Erika Albrecht durch ihr Buch vermitteln möchte: eine echte innere Begegnung mit Meister Eckhart.«
Inge von Wedemeyer/Ein Buch über Bücher

N.F. WEITZ VERLAG · AACHEN